新实体经济

王广宇◎著

中信出版集团·北京

图书在版编目（CIP）数据

新实体经济 / 王广宇著. --北京：中信出版社，2018.8

ISBN 978-7-5086-8960-9

Ⅰ. ①新… Ⅱ. ①王… Ⅲ. ①中国经济-经济发展-研究 Ⅳ. ①F124

中国版本图书馆 CIP 数据核字（2018）第 100227 号

新实体经济

著　　者：王广宇

出版发行：中信出版集团股份有限公司

（北京市朝阳区惠新东街甲 4 号富盛大厦 2 座　邮编　100029）

承 印 者：北京诚信伟业印刷有限公司

开　　本：787mm×1092mm　1/16　　印　　张：19　　字　　数：160 千字

版　　次：2018 年 8 月第 1 版　　印　　次：2018 年 8 月第 1 次印刷

广告经营许可证：京朝工商广字第 8087 号

书　　号：ISBN 978-7-5086-8960-9

定　　价：59.00 元

目　录

序　言

新实体经济：重启中国增长

寻找增长动能，破解“实虚之争”

当前我国经济正处在增速换挡期、结构调整阵痛期、前期刺激政策消化期“三期叠加”的关键时刻，拉动经济增长的传统动力正在减弱，寻找经济增长的新动能迫在眉睫。毫无疑问，发展实体经济已成为全社会的共识，但实体经济的优劣、轻重如何选择？金融等虚拟经济有何不好？各种争论此起彼伏，值得深入研究。

实虚经济之所以引发众多争论，一方面是因为对金融等部门过度膨胀的担忧，金融空转、高杠杆、盈利增长过高，导致其他经济部门“虚火旺盛”、社会资产泡沫严重；另一方面是因为对制造业、重工业等传统基础产业部门能否继续担任经济增长“火车头”的担忧。不少传统的实体经济部门表现平平，部分工业经济大省的工业增加值、就业情况不容乐观，增速不断放缓，这表明传统制造业正处在向新型制造业转型升级的“犹豫期”。事实上，自 2008 年金融危机爆发至今，我国实体投资回报率、劳动生产率增速与全要素生产率都出现了整体下降趋势，工业企业利润同比增速在 1999—2007

年平均为37.55%，而2008年至今则回落至12.7%，其中2015年至今更是下降至3.1%。

原有实体经济部门的问题还不仅是增长下滑，其结构性、机制性问题更为突出。第一，相当数量的实体经济质量较差。其实，不少行业现在已经处于“产能过剩”阶段，但产品的质量仍然摆脱不了“低、次、劣”。第二，大量实体经济企业技术落后。尽管企业在自主投资和长期研发方面的投入逐年增多，但科技成果迟迟不能落地。第三，传统工业和实体企业的生态环境压力巨大。第四，实体经济体制、机制改革亟待深化，政府职能越位、缺位、不到位的问题依然存在，管理服务能力还不够。资源要素价格改革还不到位，要素价格扭曲、市场信号失真，导致产业分化严重，增长缓慢。

国家在推进供给侧结构性改革的过程中，一直把发展实体经济放在重要位置。中央在2017年经济工作部署中，明确提出振兴实体经济的重大任务，即“坚持以提高质量和核心竞争力为中心，坚持创新驱动发展，扩大高质量产品和服务供给”。如何实现实体经济的振兴是当前面临的重大课题。因此，应该对实体经济重新进行认识和定位。同时，基于时代特征，把握当前经济发展态势，结合当前供给侧结构性改革的背景，应该大力培育和发展新实体经济。

新实体经济的内涵和特征

什么是新实体经济？简而言之，就是有效满足客户真实需求、科技含量高、容纳现代人才就业、生态环保可持续发展的新型经济形态。新实体经济不是对实体经济从结构层面的分类，而是指传统实体经济在新时代背景下的升级、转型和发展，两者并不对立，而是递进关系。

新实体经济有以下三个方面的突出特征。

第一，新实体经济与虚拟经济不存在对立关系，相反，我们之所以要支持“互联网+”，就是因为在新的经济体制下发展新经济需要研究新的经济规律。当前，打算继续沿用传统经济理念来管理新经济的想法是行不通的。互联网可以为我国制造业向数字化、网络化、智能化迈进提供平台和支撑，并基于信息物理系统的智能装备、智能工厂等智能制造引领制造方式的变革。

第二，新实体是经济主体之本原意义的回归。这意味着若要推进企业部门的“三去一降一补”，须加速全面推动“创新大平台”建设，吸引人才，以及打造“创新生态链”。例如，浙江省结合产业和行业优势，建设“生态小镇”，通过挖掘小镇自身特质，用“特色”聚集产业，用配套服务涵养产业，使特色小镇成为高端要素集聚的平台、产业创新升级的发动机。如嘉善县的“归谷智造小镇”，仅用了一年多的时间，便集聚了世界各地7000多名科技人才。

第三，新实体经济是面向未来与先进科学技术相结合的经济业态。科技创新的每一次重大突破，往往都会带来一系列新技术、新材料、新工艺、新装备，运用这些先进技术对传统产业进行改造提升，有利于提升传统产业的生产效率和产品质量，降低生产成本，促进产业的高端化、生态化发展。以科技部开展的“两化融合贯标”工作为例，贯标企业通过运用信息技术，显著提升了研发创新、生产效率和服务水平，运营成本平均下降了8.8%，经营利润平均增加了6.9%，综合效益显著增长。

谈到新实体经济，必须改变互联网是虚拟经济的观念。互联网对各行各业的改变趋势是无法阻挡的，新零售、新技术、新金融、新制造、新能源正在变为现实。阿里巴巴宣布成立“五新执行委员会”的同时，也提出“Made in Internet”（互联网制造）的新概念：全球买、全球卖、全球付、全球运和全球游，这是未来的重要趋势。互联网带来的信息经济、共享经济，为弥补数字鸿沟、实现经济普惠发展、促进社会公平发挥了重要的作用。华为的任正非先生有一句话讲得非常好，他说：“虚拟经济是实体经济的工具，不可以因为工具能直接带来许多真金白银，就直接去追逐真金白银了，也不该去炫耀锄头而忘了种地！”

发展新实体经济的四个要点

（一）突破“新技术”是新实体经济发展的第一动力

科学技术是第一生产力。催生新实体经济，一定要在新技术、新产品的领域得到发展。当前我国实体经济的企业品牌竞争力不强，软肋表现在制造业核心技术的缺失。例如，装备制造业一般配套件的供应非常充足，但传动部件、控制元件、发动机等高技术含量、高附加值的核心零部件仍主要依赖进口，这严重制约了高端技术产品的发展。

新实体经济的发展，要靠新科技去推动，才能面向未来。2017年，李克强总理在政府工作报告中提出，“要全面实施战略性新兴产业发展规划，发展新材料、人工智能、生物制药、5G通信等”。必须重视新的颠覆性的科学技术，如人工智能可能会成为下一轮新实体经济发展的最大动力。如今，人工智能不断介入消费、游戏、医疗、制造等各个领域，各种智能产品层出不穷，如智能冰箱、智能自行车、智能手表、智能机器人等。同时人工智能也已经呈现出改变工业领域的趋势，如跟工业4.0的结合具体表现在智能工厂和智能生产上。制造业能否结合人工智能升级为智能化、现代化产业，并充分提高效率，是催生新实体经济的关键力量。

（二）建立“新商业模式”是新实体经济发展的第一逻辑

商业模式是利益相关者的交易结构，即企业在其选择的业务活动环节与互补协同性资源提供者之间的交易结构。对新实体经济而言，必须要有新商业模式，从而进行转型升级创新。

对新实体企业的商业模式如何界定？第一，必须从客户的角度考虑。一个企业存在的理由是什么？客户愿不愿意买单？从用户价值来定义，就可以分析出业态横向扩展性、纵向延伸性、平台衍生性、关联协同性。第二，必须思考关键的资源能力，如品牌、技术、渠道等，不同的商业阶段需要不同的关键资源能力。第三，必须搭建企业业务系统，构建一个围绕定位来建立内外部利益相关者的交易结构，分配各方在各个环节中的角色和组织方式，在这个系统上提高效率并降低成本。第四，必须思考企业的收益及分配方式。由于最终分配的来源是整个商业模式价值，要考虑以何种方式来获取收益，即如何定价、向谁收钱等。同时企业必须思考纳税、社会责任、员工福利、股东回报等方面的收益安排和结果。

新实体经济的商业模式是传统产业被互联网、人工智能等新技术改造过的新模式，包括融合互联网的零售、批发、生产、制造、物流、金融等服务环节，最终形成以新零售、新制造为代表的全新业态。

（三）走“天生全球化”新道路是新实体经济发展的第一选择

全球化的进程、全球产业的分工和结构调整，以及互联网的飞速发展，都为年轻人创造了大量的工作岗位。同样在全球化条件下，人才跟随材料、信息、市场等要素在全球范围内不断流动，为新实体企业的发展提供了广阔的前景。

当下新实体企业的成长环境已经发生了巨大的变化，全球化使年轻人的互动越来越便利和直接，很多项目可以快速学习国际同行的不同方式，打开国门，在全球背景下转型升级，无论低、中、高端都能找到相关的资源市场。这对传统的企业来说也是一种挑战：以往的企业都是先在本国站稳脚跟后，才开始向海外拓展，并且进军海外的初期都不敢太过冒进。如强生公司于1886年在美国创立，直到1919年才在加拿大成立了第一家海外子公司；日本的索尼成立于1946年，11年后才向美国出口了首个产品——TR-63半导体收音机。而如今，许多企业在创立之初就放眼全球——它们不像以前的企业那样从周边供应商处购买原料，也不一定把工厂设在总部附近，而是在全球范围内寻找最佳的制造地点。创业伊始，它们就在全球范围内寻求人才和投资者，并学习如何远距离管理企业，即“天生全球化”。

新实体经济发展走“天生全球化”道路的必要性有两个层面：一是宏观层面，当今的主体是全球化的主体，从资源依附视角可以解释为什么创业初始就要国际化，因为市场国际化需要克服拒绝变化的固有惯性，可以规避既往的路径依赖，从而在全球范围协调资源；二是微观层面，对企业个体来说，它们对外界信息高度警觉，具备国际化经验。“天生全球化”下的商业活动、所采用的形式、可能的掌控范围、企业家的思考，都已经不是传统思维的投资，而是依靠多元结构控制资产。

（四）培养“新一代”企业领袖是新实体经济发展的第一要务

企业家是稀缺的社会资源。新一代企业领袖，是指那些能够促进他们所在业务单元成长并能够服务于集团公司需求的人。对新实体经济的发展来说，一大批能够代表整个组织而非仅在其所属领域的领袖级企业家，对行业和社会发展的作用也极其重要。现代社会的客户或消费者需要的是解决方案而非产品，所以只有不同业务单元一致合作才能满足市场需求。集团公司需要在不同功能、地区和业务单元之间分享资源以实现效率的最大化，领袖级的管理者需要掌握集团全局的状况，才能更好地应对当前的环境。

一个令人欣喜的趋势是，一些新型企业想通过全球资源实现自身的升级，企业家的发展空间也越来越大。新一代的“天生全球化”企业领袖必须具备前瞻眼光、领导力和激情，同时还得磨炼以下四项能力。第一，阐明目标，提出非常清晰的全球化依据和方向。第二，建立联盟，如果与总部设在其他国家的大型企业建立合作关系，则有助于迅速进入全球市场。在与全球合作伙伴沟通时，必须跨越地理距离和心理距离。第三，优化供应链，管理复杂的供应网络是一大挑战，全球供应链正是商机所在。第四，管理跨国组织，只有具备必要的协调、控制和沟通能力，才能管理好全球化机构，并更好地应对管理复杂组织的挑战。

应重视新实体的投资回报率

（一）重视投资回报率，促进民营部门在实体和科技领域的投资

新实体经济的发展与社会投资密切挂钩。近期国内投资形势比较严峻：一是当前社会投资中间环节存在诸多问题，比如社会投资方向和意愿比较模糊，特别是民营部门的投资不积极；二是投资主导型的增长模式逐渐失去动力，固定资本产出效率和企业回报率都在下滑，实体投资回报率的下降是导致“金融空转”、资金“脱实向虚”的根本原因，而这背后则是我国经济增长效率的下降；三是投资效率非常低，无论是基础设施投资、企业项目投资，还是资本回报，回报率下降得都非常厉害。

从经济增长的角度来说，生产率与资本、劳动力等要素投入都对经济增长做出了贡献。按照经济学规律，全要素生产率一般的含义为资源（包括劳动力、人力资源、资本投资）开发利用的效率。全球金融危机爆发至今，我国全要素生产率对经济增长的贡献显著下降。2007—2012 年我国全要素生产率对经济增长的贡献平均仅为 1.3%，同期资本投资对经济增长的贡献平均高达 7.7%，是改革开放以来各阶段中的最低值和最高值。这意味着近年我国的经济增长主要依靠投资拉动，而全要素增长率下滑则是我国经济潜在增速下滑的最主要原因。

既然投资是发展的直接动力，那么与新实体经济发展直接相关的两个投资问题：一是如何调动更多社会投资特别是民营部门投资，

尤其是在实体与科技领域坚持不懈地进行投资和经营活动；二是如何激励这些科技型的创新企业，给予创业者高度激励。如何才能引导资金不再空转而流向实体经济呢？资本流向归根结底取决于投资回报，而投资回报归根结底取决于技术进步。如果没有在科技和新实体领域持续投资，则未来经济增长是不可预期的。

（二）加强产权保护，为新实体经济发展营造良好的环境

加强产权保护、完善法制，是促进新实体经济投资的另一个关键。实体经济的物质产权，是指产权主体充分独立（排他）地对选择物质资产的使用所强制实施的权利。新实体经济的发展需要好的产权环境。今天令人深思的问题是：民营部门不在实体领域投资，除了没有好的方向、回报率低，是否还有其他原因？怎么样解决投资者的保护和退出问题？怎么样鼓励创新者和创业者，让更多人投身于创新事业？

当下建立有效的新产权环境迫在眉睫。当今时代，信息传播成本几乎为零，创新技术极易被他人“复制”，创新产品也极易被他人“山寨”。如果缺乏有效的产权保护制度，那么创新的积极性将严重受挫。只有对侵犯产权的行为加大查处力度，提高惩罚标准，才能激发创新热情、保护创新成果与增强创新动力。

解决这些问题，需要改善整体投资环境。2016 年 11 月中央出台了《关于完善产权保护制度依法保护产权的意见》，2017 年 3 月国务院发布了《关于进一步激发社会领域投资活力的意见》，这一系列文件、政策的出台，反映了政府对建立新产权环境的重视，也为新实体经济的发展注入了一剂“强心针”。面对社会领域需求倒逼扩大有效供给的新形势，深化社会领域供给侧结构性改革，进一步激发

医疗、养老、教育、文化、体育等社会领域投资活力，着力增加产品和服务供给，不断优化质量水平，对提升人民群众获得感、挖掘社会领域投资潜力、保持投资稳定增长、培育经济发展新动能、促进经济转型升级、实现经济社会协调发展具有重要意义。

加快金融改革，保障新实体经济长期稳健发展

金融和资本是新实体经济的伙伴，而非对手，更非敌人。发展新实体经济，必须有强大的金融和资本市场支持，这已被全球大量经济实践证明。我国现有金融体系伴随着资本总量的迅速膨胀，使内生性问题日益突出，两难命题凸显：实体经济需要大量的资金支持，但多层级资本市场仍是配角，过度依赖银行信贷的现实难以改变；银行信贷海量投放，进一步创造货币供给，埋下长期恶性通胀隐患，积累金融危机风险。在中央加强金融风险管理的政策指引下，金融市场“去杠杆”开始加速，一些问题暴露了出来：不同金融部门的市场风险有交叉放大的可能、市场各种波动率明显加大，短期风险反而上升，对实体经济产生了实际的影响；金融机构去杠杆虽然作用于重建秩序、减少套利，但最终会传导至风险缓释较弱的中小企业，使实体经济融资难与融资贵的问题重现。

服务实体经济原本是金融的天职，但是当下“金融空转”与资金“脱实向虚”的现象较为严重，服务实体经济的效果并不理想，主要表现有三个。

一是社会融资规模的变化复杂。社会融资规模是全面反映金融与经济关系，以及金融对实体经济资金支持的总量指标。央行数据显示，

2017年上半年社会融资规模增量累计为11.17万亿元，存量同比增长12.8%；金融机构对实体经济发放的本外币贷款同比增长较显著，比2016年同期增长1.15万亿元，表明金融对实体经济的支持力度日益稳固。

二是更多资金并未流向实体经济。研究显示，2016年全部社会信用总量中，政府部门占比约为20%，较2009年上升5个百分点；居民部门占比从2009年的15%上升到2016年的19%，非金融企业占比则从2009年的71%下降到2016年的61%。此分布变化清晰地表明，虽然企业仍然是“钱”流向的大头，但危机后“钱”更多地流到了政府和居民部门。

三是实体企业尤其是中小微企业融资难问题始终存在。监管部门积极支持商业银行包括城乡中小银行为小微和涉农企业服务，推出“三个不低于”和整治银行收费等政策措施，但效果并不明显。很多小微企业贷款难、贷款贵、贷款慢，需要资金时只好通过民间借贷。统计显示，2016年中小微企业在民间借贷融资的平均年化利率高达18%。

只有加快金融市场化改革，控制金融风险，才能保障新实体经济长期稳健发展。为此，建议重视以下五个方面的问题。

第一，大力改善金融市场环境，开放竞争。推动金融市场化、国际化的方向不动摇，积极推动国企改革，允许民企等不同形式的主体进入金融市场，在更多领域施展才能，通过市场竞争出现强者，是所有措施中最应优先考虑的步骤。

第二，改善金融市场的生态，强化风险管理。这意味着市场的风险定价功能必须逐步建立，相关的债权人法律保护有必要逐步完善，权益发行人层面的资本结构必须得到清晰的界定，另外应允许各类对冲风险的金融工具的创立和使用。

第三，促进直接融资，支持上市公司和优秀企业做大做强。资本市场作为直接融资的重要载体，参与者多，影响面广。要让资本市场更好、更稳定地服务实体经济，首要任务就是夯实基础，支持和促进上市公司的发展。提高上市公司质量，优化信息披露，完善公司治理，推进并购重组市场化改革，强化市场的优胜劣汰功能。让市场成为决定力量，促进市场长期投资、价值投资理念的形成。要重视科技创新，但不要迷失于技术概念炒作。

第四，促进资产管理和财富管理向责任投资方向发展。从传统的金融财务投资，进化到包括非财务指标在内的综合性社会责任投资，有利于实现长期投资价值。资产管理行业应积极主动践行责任投资原则，引导、倡导和推动企业与经济社会共同实现可持续发展。发展责任投资，有助于促进创新型公司成长，各类投资机构才会关注科技项目，也有助于金融和资本市场的改革，提高金融服务实体经济的效率。

第五，持续优化我国的创新、创造、创业、创投环境。众所周知，没有创业投资就没有高新产业，没有 VC（风险投资）就没有硅谷。给予我国的创业投资机构和创业投资的出资人更好的环境，包括放松创业投资的限制，放宽门槛，让更多的投资人进入创业投资领域，尽量减少政府和公共资本进入创业投资领域。这个领域看起来收益最高，但其实风险也最大，应该让买者自负，投资者风险自担。创新和创造要依靠创业者，创投是创业者最好的伙伴。

新实体经济是我国经济的未来。培育壮大经济发展新动能，不仅要改造提升传统部门，更要打造新的引擎，促进新实体经济的蓬勃发展。在供给侧结构性改革政策指引下，集中全社会力量，借助政府对创新产业提供的支持，重视科技创新，优化市场环境，充满活力、焕发生机的新实体经济值得期待！

王广宇

（原文发表于2017年8月14日《经济观察报》）

第一章

深究经济虚与实

虚拟经济是实体经济的工具，不可以因为工具能直接带来许多真金白银，就直接去追逐真金白银了，也不该去炫耀锄头而忘了种地！

——任正非（华为公司创始人）

一、虚实之辩本质为动能之争

近年来，虚拟经济和实体经济的相互影响是全社会关注的热点问题。以房地产和金融行业为代表的虚拟经济领域热度不减，在实体经济趋向低迷的背景下，宽松货币政策释放出的流动性进入不了实体企业，在金融领域里空转，在2016年中国的新增贷款中，与房地产相关的贷款占比高达45%。不少产业部门也越来越被金融部门带来的财富效应吸引，导致大量产业资金转做金融投资，不再投入实体。

实虚经济之所以引发众多争论，一方面是因为对金融等部门过度膨胀的担忧，金融空转、高杠杆、盈利过高，导致其他经济部门“虚火旺盛”、社会资产泡沫严重。另一方面是因为对制造业、重工业等传统基础产业部门能否继续担任经济增长“火车头”的担忧。事实上，近年来传统的实体经济部门表现差强人意，部分工业经济大省的工业增加值、就业情况都不乐观。增速不断放缓的走势表明，传统制造业正处在向新型制造业转型升级的“犹豫期”。自2008年金融危机爆发至今，我国实体投资回报率、劳动生产率增速与全要素生产率出现了整体性的下降趋势，工业企业利润同比增速在1999—2007年平均达到37.55%，2008年至今则回落至12.7%，而2015年至今更是下降至3.1%。

“脱实向虚”不仅严重拖累了实体经济的发展，也易引发金融风险，已引起了国家有关部门的高度重视。2016 年 7 月中央政治局会议罕见地提出要抑制资产泡沫，2017 年中央经济工作会议上再次明确“着力防控资产泡沫，防范金融风险”。会议指出，今后三年要重点抓好决胜全面建成小康社会的防范化解重大风险、精准脱贫、污染防治三大攻坚战。打好防范化解重大风险攻坚战，重点是防控金融风险，要服务于供给侧结构性改革这条主线，促进形成金融和实体经济、金融和房地产、金融体系内部的良性循环，做好重点领域风险防范和处置，坚决打击违法违规金融活动，加强薄弱环节监管制度建设。

与此同时，传统实体经济发展越发艰难。近年来，围绕虚拟经济之盛和实体经济之衰，业界掀起了相当大的争论。面对“烧钱买流量”影响实体经济这一争论，杭州娃哈哈集团董事长宗庆后于 2016 年公开发言，他表示“虚拟经济不能搞过头，否则会损害实体经济”。2017 年“两会”期间他又提出“因为虚拟经济，老百姓不干活了”。另一位著名的企业家代表、格力电器 CEO（首席执行官）董明珠说：“谁破坏实体经济，谁就是罪人。”全国人大代表、马可波罗瓷砖董事长黄建平则批评得更为直接，称类似淘宝这样的虚拟经济已给马可波罗这样的实体品牌企业造成釜底抽薪式的破坏。“为什么大家不愿意做实体经济了？因为前途不明，因为创新和做品牌到最后没有效益。”另一些实体经济的代表还旗帜鲜明地批评现在的不少创业者不踏踏实实做产品、做生意，而是指望融资炒作发轻松财——“一谈到创新，大家都想去搞互联网和金融。‘老公办一个企业，不如老婆去上海炒两套房’”。面对指责，淘宝发布公开声明，称自己是百分之百的实体经济，实体经济搞得好有“我们的功劳”，马云则很委屈地指出“虚拟经济主体是银行金融界，但没人敢骂，所以就骂互联网……虚拟经济和实体经济结合才有未来”。

社会对实虚经济的热议，一方面反映了对虚拟经济范围认识的不一致，另一方面反映了对不同产业增长动力变化的看法不同。实体经济和虚拟经济之争，表面上看是波谲云诡的经济形势所迫，实际上背后反映的是不同的企业和产业的机遇，以及企业家如何选择、以何种方式看待现在、拥抱未来。虚实之间，“功劳”和“麻烦”背后，是一连串亟待厘清的经济学命题：是不是只有制造业才代表实体经济，商业流通和生产制造是怎样的关系，实体经济将以何种方式走向未来？面对这些问题，有必要对新时代背景下的虚拟经济和实体经济的新变化进行深入的研究探讨。

二、实体经济是基石

（一）实体经济的定义

什么是实体经济？“经济”一词在古汉语中是“经邦”和“济民”、“经国”和“济世”等词的综合与简化。“实体”则是哲学方面的一个重要范畴，是实实在在、物质性的、具体的、直接的存在。于光远在《经济大辞典》中对“实体”的解释如下：实体是指存在于系统中的确定物体，是系统的研究对象。作为经济系统研究对象的实体，一般包括消费者、厂商和政府等相关组织，更多的则专指以工业、制造业为主的企业组织。

现实中，实体经济直接创造物质财富，是社会生产力的直接体现，也是一个国家综合国力的基础。我国是传统的农业大国和制造业大国，实体经济是市场的主体，也是国民经济的基石。改革开放40年来，我国经济发展交出了良好的成绩单，从根本上说是得益于实体经济。这块“基石”不仅支撑着百姓的衣食住行，更关系到国家的长治久安。毫无疑问，实体经济是整个经济系统的主要构成部门。人们对实体经济的理解也随着时代的变迁而加深。传统观点认为，实体经济是关系国计民生的生产部门，最典型的如机械制造、纺织加工、建筑安装、石化冶炼、种养采掘、交通运输等。当前理论界关于实体经济的定义主要有以下三种。

一是把物质生产活动统统视为实体经济，把非物质生产活动都看作虚拟经济，实体经济主要包括农业、制造业、能源、交通运输、邮电、建筑等物质生产活动。

二是用实体经济泛指物质产品和精神产品的生产、销售以及为之提供相应服务的经济活动，不仅包括农业、制造业、能源、交通运输、邮电和建筑等物质生产活动，也包括文化、艺术以及体育等精神产品生产和服务。

三是广义的实体经济，完全涵盖了第一产业、第二产业，以及第三产业中的直接服务与工业化服务业。这不仅包括第一产业和第二产业，而且包括第三产业中除金融业以外的其他产业。

由此可见，尽管概念具有较多相似之处，但是实体经济的定义仍不统一，在对实体经济的范围界定上存在较大的差异。综合目前国内学术界理论，本书认同第三种观点，即实体经济是现代科技主导的第一产业、第二产业，以及第三产业中的直接服务业与工业化服务业。与虚拟经济相对而言，实体经济暂不考虑纳入金融服务业和房地产业，不具有自我扩张和衍生膨胀的特点，而与自然资源、劳动力、科技等要素的投入更为密切相关。现实中观察，实体经济正逐步从传统的工业、农业，变迁到与三个产业均相关的新形态，也就是本书讨论的“新实体经济”。

新实体经济的范畴界定，从狭义到广义可以划分为三个层次（见图1.1）。首先，工业是新实体经济之核，是指生产物质产品的现代工业经济，主要包括制造、采掘、能源、建筑、装备和商品生产供应等工业，具有标准化管理、集约化生产和规模化经济等特点。其次，根据经济活动是否从事物质生产，或者是否为物质生产提供相应的服务，新实体经济的范畴可扩大到现代农业（农、林、牧、渔、食品)、交通运输业（铁路、航运、长途）和工业辅助部门。最后，广义的新实体经济是涵盖国民经济中第一产业、第二产业，以及不包括金融和地产在内的现代服务业。

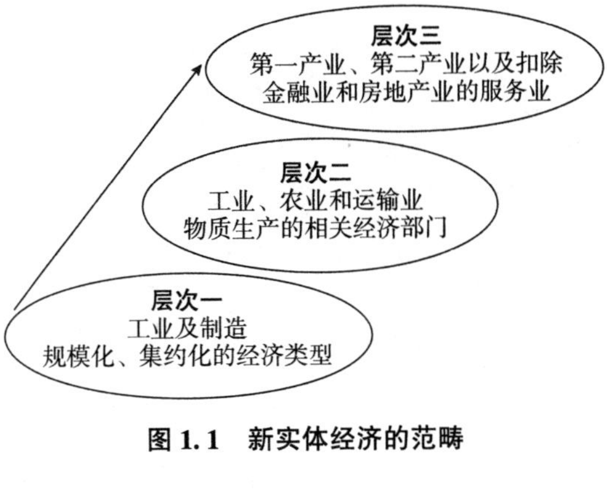

图1.1　新实体经济的范畴

（二）实体经济的特点

实体经济的特点可以归纳为实业有形、主体支柱、动态均衡这三个方面。

1. 实业有形

坚实、客观、有形是实体经济作为物质生产的直观特点。实体经济的经济活动和经济行为都是客观有形、被人切实感知的，其经济行为的作用对象也是可感知的，其目的和结果是生产出能满足人们真正需要和切实感受到的物质、精神产品或者是为生产这些产品所提供的各种服务，往往具有明确的技术和质量标准。

2. 主体支柱

实体经济在国民经济体系中具有支柱性地位。当前社会经济中消费者所需要的全部工业品和农业品，绝大多数是由各类现代制造工业、现代农场提供的。实体经济系统提供的工业产品、农业产品和服务产品，是解决社会需求的主要经济产出部门，也是主要的经济成果和财富生产部门。因此，实体经济是人类社会赖以存在和发展的坚实基础，如果一国（特别是大国）的实体经济不占主体地位，就难以有效抵御各类内外部产生的经济危机或金融危机。

3. 动态均衡

实体经济在整个国民经济中发挥基础性效用，能够满足人们衣食住行用的需求，这是人类社会的主导需求，也是基本需求。实体经济领域的农业、工业生产领域提供物质产品，服务业提供精神产品和服务，满足了人们生活中衣食住行用的绝大部分需求。随着社会分工的不断深化和科学技术的持续创新，实体经济也在不断演变。互联网和信息服务等具有虚拟特征的产业的发展有助于实体经济的效率提升，但金融、地产等虚拟经济过度膨胀，势必会阻碍实体经济的发展。无论风云如何变幻，实体经济始终是人类社会生存和发展的坚实基础。

随着经济种类和部门的不断进化，尽管实体经济在所有经济总量中所占的比重可能会趋于下降，但是实体经济和虚拟经济之间必须保持一定程度的动态均衡，否则将导致经济的剧烈动荡。从世界范围看，个别国家出现了“倒金字塔”形的经济发展状况，即较少的实体经济支撑着较大的虚拟经济，但国际金融危机的严峻现实警示着世人，出现制造业空心化的国家必须着手提高实体经济的比例，谨防出现因虚拟经济陷入困境而严重波及经济和社会稳定的情形，必须确保实体经济与虚拟经济之间实现必要的均衡。

（三）实体经济的功能

发达的实体经济是社会生产力的集中体现，也是创造社会财富、保障和改善民生的物质基础。

1. 实体经济是物质财富的源泉

财富是人类社会生存与发展的必要条件，主要来源于物质的、精神的产品和服务的生产，以及流通规模的扩大和积累。在相当长的时间里，古典经济学认为物质产品是社会的真正财富，生产物质产品的实体经济是社会物质财富的主要来源，实体经济的规模和竞争力决定了财富的数量和质量。

实体经济直接创造物质财富，古往今来，人们都需要吃饭、穿衣、行动、居住、看病和休闲，各种各样的生活资料是满足人们物质生活和精神生活的物质前提。在市场经济条件下，商品是社会财富的物质形态，如果实体经济不能健康发展，那么商品生产可能停滞不前，人类生存、发展和享受等消费需求也就失去了可靠的保障。因此一国实体经济的发展水平，直接影响居民生活的物质基础，对人们的工作、学习和生活水平具有决定性作用。

实体经济的主要载体是商品和服务，其价格主要由成本和平均利润等因素共同决定，商品交易遵循市场供求规律，并通过社会再生产的循环往复实现财富的积累和增值。虚拟经济也具有“财富效应”，但往往只是“以钱生钱”，多是社会财富的转移和重新分配，未能创造出新的社会财富。健康发展的实体经济，可以带来社会财富的充分涌流，也可以为虚拟经济的可持续发展奠定坚实基础。

2. 实体经济是国家强盛的根基

实体经济的发达程度，标志着一个国家或地区经济的发展水平。发达的实体经济是一国经济健康的体现，对提升经济发展质量和效益具有中坚作用。目前，我国尚处于工业化中期，制造业仍是真正推动中国经济增长的引擎。但是改革开放40年来，我国主要依靠劳动力的低成本优势（人口红利）迅速崛起，成为世界制造业大国，如今进入产业结构转型升级时期，国内劳动力、土地、能源和资源等要素日趋紧缺，成本也快速上升，因此必须对实体经济的发展提出新的思路和政策。同时，东南亚、南美洲等发展中国家和地区的比较优势相对明显，而美国等发达国家更加重视发展实体经济，注重提升制造业的技术创新水平，力图以科技、资本优势抢占未来在制造业发展中的更好位置。

在复杂的国际经济形势中，中国如何继续保持制造业在国际上的优势地位，在实体经济领域的竞争、摩擦乃至贸易战在所难免的情况下如何胜出，如何应对国际金融危机这样的外部冲击等，都已经成为我们面临的严峻挑战。我们必须高度关注实体经济，牢牢把握发展实体经济这一坚实基础，引导更多的人力、财力和物力投向实体经济，做大做强实体经济，进而不断增强综合国力。

3. 实体经济是社会和谐的保障

稳定的实体经济是社会长治久安、和谐上进的可靠保证。首先，实体经济是最大的就业容纳器，对维持经济社会稳定发挥着中坚作用。国际上在收入大体相当的国家和地区中，那些工业、制造业所占比重较高的国家和地区，就业比较充分，社会稳定性比较好；而那些缺乏坚实的制造业基础的国家和地区，一旦发生经济萧条或危机，失业率往往居高不下，容易陷入经济社会动荡不安的境地。扩大就业是保障和改善民生的头等大事，实体经济正是实现充分就业的最重要途径。在中国，实体经济涵盖绝大多数企业，创业和就业门槛不高，具有很强的吸纳就业能力，同时实体经济还能吸纳更多的农村人口进城就业，加快我国的城镇化进程，对缩小收入差距、保障民生和提高居民收入具有不可替代的重要作用。

其次，稳健的实体经济有利于加快推进基本公共服务均等化，缩小城乡差距，促进社会公平。中国是世界第一人口大国，城乡13亿多人口对农产品、工业品、服务、住房的消费需求规模庞大。只有大力发展实体经济，才能为社会提供更加丰富的公共产品，满足人民各方面日益多元化的生活需求。只有发展壮大实体经济，才能不断扩大税基，拓宽税源，增加政府的财政收入，增强对公共产品的供给能力，加快推进基本公共服务均等化。

最后，稳健的实体经济有利于引导公众特别是年轻人树立正确的人生观、价值观和幸福观，是社会和谐稳定、勤奋上进的思想保障。大力发展实体经济，扩大城乡人口就业，加快推进基本公共服务均等化，为人们高层次的物质生活和精神生活提供可靠保障，不断提升国民的综合素质，有利于把部分国人从投机炒作的氛围中解救出来，营造脚踏实地、勤劳创业、实业致富的社会氛围；有利于引导年轻人树立正确的价值观，投身创新和创造事业，从而持续推进实体经济的发展。

三、虚拟经济并非实体之高墙

随着经济全球化和资本的流动，以股票、债券、股权投资等为基础的金融产品不断涌现，金融等“虚拟资产”在社会财富中所占的权重越来越大，金融资本成为人类社会财富不可或缺的组成部分。近几十年来，不少发达国家急于寻求新的经济增长点，如美国将金融、房地产和服务业作为驱动经济增长的三大经济支柱。发达国家相继开发了金融工具以及金融衍生品的创新，导致虚拟经济的规模在全球范围内迅速膨胀。当前，虚拟经济已渗透到经济各个领域，并且在生产、分配、流通和消费环节中起着重要的作用，人类的基本生活几乎都与虚拟经济高度相关。例如麦当劳（McDonald's）在推出鸡腿汉堡之前，先要与期货市场结合研究定价。随着经济虚拟化和信息水平的提升，健全和完善金融监管机制和风险预警机制、规避金融风险、防范金融危机成为建设一国经济系统的重中之重。

当前虚拟经济的概念大致可分为两类：一是基于金融视角的虚拟经济；二是基于信息和网络视角的虚拟经济。“脱实向虚、资产泡沫”指的是金融领域的虚拟经济，而实业界有针对性地指责的互联网和虚拟经济，主要是指信息和网络视角的虚拟经济，通常被称为“新经济”或“数字经济”。

（一）基于金融视角的虚拟经济

不少从事虚拟经济研究的学者，多是从马克思的“虚拟资本”概念出发，结合金融创新实践，对虚拟经济进行阐述论证。基于金融视角成为研究虚拟经济的主流观点。成思危先生（2002）是国内最早研究虚拟经济的学者之一，他的研究突出了虚拟经济的营利性特点，给出了虚拟经济的定义。他认为，虚拟经济和实体经济是两个相对的概念，是经济社会中两种基本的经济运行模式。其中实体经济是经济发展的硬件，虚拟经济是经济发展的软件。虚拟经济是虚拟资本与以金融市场为主要依托的循环运动有关的经济活动，简单地说虚拟经济就是直接“以钱生钱”的活动。虚拟经济的产品是各种基础性金融工具和衍生性金融工具，虚拟经济的生产工厂是各种金融机构及金融中介机构，虚拟经济的产品交易场所是各种金融市场。虚拟经济不仅包括资本市场、货币市场、证券业，还包括银行业、外汇市场等，涵盖整个金融业。股票、债券、外汇、期货、期权等都是虚拟经济的产物。

刘骏民（1998、2005）则认为虚拟经济是一种特殊的经济运行关系，它具有区别于实体经济的特殊定价体系和运行方式，“虚拟经济是以资本化定价行为为基础的价格系统，其运行的基本特征具有内在波动性”。他指出，虚拟经济的概念有广义和狭义之分。广义的虚拟经济是指除物质生产活动和与其有关的一切劳务以外的所有经济活动，包括体育、文艺、银行、保险、其他金融机构的活动、房地产（不包括建筑业）创造的产值、教育、广告业等。狭义的虚拟经济仅指所有的金融活动和房地产业。他认为，可以将整个经济系统看作一个价值体系，这是经济活动的本质属性。这个价值体系由两个系统组成：一是价格系统，是成本支撑的系统，即实体经济；二是资产价格系统，是观念支撑系统，即虚拟经济。他认为虚拟经济并不永远是一些确定的行业，它是一种特殊的价值关系。他认为，虚拟经济一般包括金融、无形资产、地产以及其他表现出资本化定价方式的各种资产的经济活动。

另外，还有很多学者也将虚拟经济分为广义和狭义两个层面。狭义的虚拟经济是从虚拟资本概念中推导出来的，包括一切与股票、债券等有价证券的发行、流通及转让有关的经营活动。广义的虚拟经济是指除物质资料生产活动以外的所有金融或类金融活动，包括银行、证券、保险、地产、大宗商品、教育、旅游、收藏等。

无论从哪个角度看，金融部门都被认定为虚拟经济的主要部分。与此同时，各类研究也都从不同程度确认，金融资本对实体经济非常重要，没有一个国家只有强壮的实业而没有金融体系。

（二）基于网络视角的虚拟经济

另外一类研究者从信息和网络视角谈经济的虚拟性，总体上看，主要有三种观点。

第一种观点认为，虚拟经济是与信息和网络技术相关的经济活动，是由信息革命引发的一种新的经济形态，是在以网络为载体的经济活动中，依靠商标、品牌、信誉、网络和技术而发展起来的新经济模式。其独立于实体经济，但又离不开实体经济，只有与实体经济相结合才能充分发挥作用。

第二种观点认为，虚拟经济与实体经济相对立，是依靠现代通信和电子网络技术在全球金融与证券资本市场中实现虚拟资本交易、结算、流动的经济形态，甚至提出将虚拟经济划分为传统虚拟经济和新虚拟经济。其中，传统虚拟经济是指证券、期货等金融资本的交易活动；新虚拟经济是指在信息网络下构筑的虚拟空间中进行的经济活动。经济的虚拟性源于网络的虚拟性，转移到网上经营的各种经济活动都是虚拟经济，它与网外的现实经济并存且相互促进（姜奇平，2000）。

第三种观点认为，网络经济并非完全的虚拟经济，网络的存在为虚拟经济的产生、发展创造了条件。如果从网络、信息和数字资产的客观存在来看，它不是虚拟的，而是客观存在的，属于实体经济的范畴。以网络为条件形成的电子商务，或网络化企业，以及通过网络产生的交易活动都是真实可衡量的。

信息技术和互联网在极其深刻地改变我们的生活与工作，对各类经济部门的影响也极其巨大。在个别领域，电子商务的出现对线下传统的商场、百货店和不少供应商的业务影响非常明显，因此容易受到传统业界的指责。事实上，指责网购等模式，是由于消费者青睐网上购物、物流配送的销售方式，从而挤压了大型实体店商家和部分工厂的市场份额，给传统工商业带来了生存危机，这种观点是否正确仍值得商榷。

四、“抑虚入实”是供给侧改革要义

受全球经济增速放缓、生产成本上升及利润下降、金融资产泡沫等多重因素叠加影响，我国实体经济经营环境恶化、下行压力加大，出现了增长放缓、结构性矛盾突出、效益下滑等诸多问题。首先，实体经济增速下降明显。从多项指标看，近年来我国实体经济呈现出明显的下行态势。2015 年全部工业增加值增速为 5.9%，是 1992 年以来的最低值。2016 年以来，中等规模以上工业增速虽呈现缓中趋稳的态势，但绝大部分是非主营业务的增长，能否持续有待观察。其次，实体经济盈利能力大幅下降。随着运营成本的快速上涨，企业经营状况恶化，亏损面不断扩大。最后，低端过剩、高端不足的结构性矛盾更加突出。产业结构不合理、供需结构不匹配，特别是低端产能过剩与高端产品短缺并存的问题十分突出。一些新兴产业也有产能过剩的苗头，产业调整明显滞后于需求结构升级，居民对高品质商品和服务的需求难以得到满足。

2016 年 7 月，中央经济工作会议提出了“抑制资产泡沫”。国庆节之后各类房地产调控政策相继出台，“抑虚”问题已经引起了中央的高度重视。2017 年 4 月，习近平总书记在主持中共中央政治局第四十次集体学习时特别强调，“为实体经济发展创造良好金融环境，疏通金融进入实体经济的渠道”。李克强总理在政府工作报告中也特别提到“促进金融资源更多流向实体经济”，并强调当年重点工作之一是“促进金融机构突出主业、下沉重心，增强服务实体经济能力，防止脱实向虚”。这表明必须加大供给侧结构性改革力度，标本兼治，实现从“脱实向虚”到“抑虚入实”的转变。

第一，实施创新引领战略，大力推动实体经济中的“有效供给创新”。解决“脱实向虚”，根本上应从供给端入手，从供求的结合上去思考。振兴实体经济要加大生产端、供给端的自主创新能力，提升实体经济核心竞争力，提高其吸引资金的能力。要进一步完善创新驱动发展政策措施，建立健全实体经济创新体系，加强实体经济的创新能力建设。

第二，深化体制改革，抑制融资平台的投资冲动，尽可能地减少资金“脱实向虚”。要深化体制改革，一是加快财税体制改革，调整中央政府与地方各级政府之间的事权及利益关系，化解地方债务风险与投资风险，防止出现新的产能过剩；二是加强金融监管改革，抑制“影子银行”的过度发展，加快银行资金结构调整，减少虚拟理财产品对资金的占用。

第三，加快金融体系创新，促进金融机构突出主业，增强其服务实体经济的创新能力。要深化金融制度创新，积极探索金融发展新模式，加快构建多层次、多样化、服务能力更强、适用对象更广的多元化金融服务体系。特别要健全中小企业融资政策法规体系，建立中小企业贷款和信用担保风险补偿机制，使金融更好地服务于实体经济。金融机构应突出主业，回归本源，加强对实体经济的服务，尤其要帮助实体经济降成本、减负担，提高实体经济的盈利水平和投资回报率，这是扭转金融“脱实向虚”的关键。

第四，切实处理好实体经济与虚拟经济之间的关系，充分发挥虚拟经济对实体经济的提升作用。振兴实体经济并不意味着排斥虚拟经济，而是要以“虚”促“实”、“虚”“实”互动，以及“虚”“实”协调。在基于互联网大数据驱动的经济全球化发展新阶段，适度发展虚拟经济有助于改造和提升实体经济，但要切实防止资本过度流向虚拟经济，造成实体经济空心化。要在坚持对虚拟经济与实体经济一视同仁、均衡发展的原则下，统筹规划，促进其协调发展。

要坚持虚拟经济服务实体经济的本质要求，完善虚拟经济市场监管体系和制度建设，有步骤、分阶段地推进虚拟经济各层次的发展，审慎有序地开放金融市场。

总之，国家在推进供给侧结构性改革的过程中，要坚持长期把发展实体经济放在重要位置。中央明确提出振兴实体经济的重大任务，坚持以提高质量和核心竞争力为中心，坚持创新驱动发展，扩大高质量产品和服务供给。应该对实体经济有重新的认识和定位，基于时代特征，把握当前经济发展态势，结合当前供给侧结构性改革的背景，应该大力培育和发展新实体经济。

按照经济学规律，全要素生产率一般的含义为资源（包括劳动力、人力资源、资本投资）开发利用的效率。全球金融危机爆发至今，我国全要素生产率对经济增长的贡献显著下降。2007—2012 年我国全要素生产率对经济增长的贡献平均仅为 1.3%，同期资本投资对经济增长的贡献平均高达 7.7%，是改革开放以来各阶段中的最低值和最高值。这意味着近年我国的经济增长主要依靠投资来驱动，而全要素增长率下滑则是经济潜在增速下滑的最主要原因。我们必须思考：如何调动更多社会投资特别是民营部门投资，尤其是在实体和科技领域坚持不懈地进行投资和经营活动；如何激励这些科技型的创新企业，给予创业者高度激励，引导资金不再空转而流向新实体经济。如果不在现代科技和新实体领域进行持之以恒的投资，那么未来经济增长是不可预期的。

第二章

迎接新实体时代

互联网对各行各业进行改变是无法阻挡的趋势，新零售、新技术、新金融、新制造、新能源正在变为现实。实体经济与虚拟经济相结合才是经济的未来。

——马云（阿里巴巴创始人）

一、新实体经济：穿越周期

（一）新实体经济的内涵

什么是新实体经济？简而言之，就是有效满足客户真实需求、科技含量高、容纳现代人才就业、生态环保，且在较长周期内可持续发展的新型经济形态。新实体经济不是对实体经济在结构层面的分类，而是指传统实体经济在新时代背景下的升级、转型和发展，两者并不对立，而是一种递进关系。

新实体经济的主要特征有：

第一，新实体经济与虚拟经济不存在对立关系，在新的经济体制下发展新经济需要适应新的经济规律。当前，打算继续沿用传统经济理念来管理新经济的想法是行不通的。我国制造业向数字化、网络化、智能化迈进，并基于信息系统的智能装备、智能工厂等智能制造引领制造方式的变革。

第二，新实体是经济主体之本原意义的回归。这意味着若要推进企业部门的转型升级，须加速全面推动“创新大平台”建设，吸引人才，以及打造“创新生态链”。例如，浙江省积极推进传统行业转型，结合产业和行业优势，建设“生态小镇”，通过挖掘小镇自身特质，用“特色”聚集产业，用配套服务涵养产业，使特色小镇成为高端要素集聚的平台与产业创新升级的发动机。

第三，新实体经济是面向未来并与先进科学技术相结合的经济业态。科技创新的每一次重大突破，往往都会带来一系列新技术、新材料、新工艺、新装备，运用这些先进技术对传统产业进行改造提升，有利于提升传统产业的生产效率和产品质量，降低生产成本，促进产业的高端化、生态化发展。以科技部开展的“两化融合贯标”工作为例，贯标企业通过运用信息技术，显著提升了研发创新、生产效率和服务水平，运营成本平均下降 8.8%，经营利润平均增加 6.9%，综合效益显著增长。

第四，新实体经济是网络化的，是基于数据、信息和知识开展的新业态。互联网、物联网对各行各业进行改变是无法阻挡的趋势，新零售、新技术、新金融、新制造、新能源正在变为现实。阿里巴巴作为中国互联网企业的代表，提出“Made in Internet”的新概念：全球买、全球卖、全球付、全球运和全球游，这是未来的重要趋势。互联网是工具，带来的信息经济、共享经济，为弥补数字鸿沟、实现经济普惠发展、促进社会公平发挥了重要的作用。

（二）科技助力新实体经济穿越周期

科技创新是一项复杂的系统工程，实际上它直接关联着企业的生产、市场、生存与发展，甚至间接关联着企业所在地区的社会稳定和经济发展，以及所在行业的市场平衡。企业是市场经济中最有效的科技创新主体。在如今的市场环境下，企业若想在激烈的竞争中脱颖而出，就必须拥有独特的技术手段，并不断地对自己的生产工艺、产品技术进行改进，只有这样才能获得稳步发展。企业还须学会先用经济支持科技创新，再用科技成果反哺经济，使科技与经济相互融合及相互支持，这样才能促进社会快速进步。因此，企业必须牢牢掌握科技创新的主动权，如此才能立足行业，走向市场，谋求生存和发展。

科技创新是真正可以跨越经济周期的持久的增长动能，具有深刻的供给侧含义。一方面，科技创新会增强企业市场竞争力，并给企业带来巨大利润。另一方面，大多数企业管理者都具有企业家精神，内心渴望追求革新。这些企业往往形成一种对创新不懈追求的企业文化，这种文化也成为技术创新的动力。社会经济的不断发展也推动企业进行科技创新，因为人们的消费习惯会随着生活质量的提高而变化，所以消费者会不断追求新产品和服务。此外，自然资源的加速匮乏、原材料运输成本的提高、人们日益增长的环保意识都对企业造成了较大的压力，也促使企业进行技术创新以发展生产力，从而满足消费者的需求。

科技创新同时能带动产业结构的调整、优化和升级。加快新旧动能转换，推动产业转型升级优化已成为新常态下传统经济部门的当务之急，也是供给侧结构性改革的关键。综观发达国家的发展，针对科技创新如何影响国家产业结构，可以总结出几条规律。首先，第一产业在国民经济中的比重不断下降。在科技创新的影响下，农业和初级产业内部结构趋于合理，在能满足本国对食品及农业原料需求的同时还可出口；其内部结构也较合理，种植业和畜牧业同等发达，农业的先导和后续部门也得到了充分发展。其次，第二产业通过技术改造获得新生。各发达国家在产业结构调整过程中，以科学技术改造为主，加速设备更新，赋予工业新的生命力。科技创新使工业有进有退，这是合乎规律的新陈代谢。再次，第三产业在国民经济中比重不断加大，主要原因是科技创新的推动。发达国家工业发展大幅度提升了劳动生产效率，使物质财富空前增长，也使生产部门腾出了大量的劳动力，各类科技与人民日常生活关系更趋紧密，使第三产业的急速发展成为可能。科学技术还为第三产业的发展提供了先进的技术手段，从而推动了第三产业的发展。最后，新兴产业的崛起和蓬勃发展，不仅创造了许多新的产业部门，如航天航空、核能、计算机设备等，它们既是科技革命的直接产物，也是新技术革命成果的集中表现，还进一步引起了传统部门的变化，如原料和能源结构的演变，推动了以初级产品为基础的传统工业产业结构发展等。

改革开放以来，我国通过深化科技体制改革，注重以科技创新推动产业结构调整，已在产业结构优化升级方面取得了相当大的进展，具体表现如下。

第一，传统产业不断转型升级。近年来积极运用高新技术改造传统产业。通过制造业信息化工程，以信息化带动传统产业及产品更新换代，促进制造业向高端发展；通过节能减排科技专项行动，推进绿色经济、低碳经济和循环经济快速发展；通过实施现代服务业科技行动，提高技术集成并打造创新商业模式，改造生产型服务业，发展新兴服务业。

第二，战略性新兴产业不断发展。发展战略性高新技术产业是产业升级的关键，多年来我国通过科学规划，以高新区为龙头，引导科技产业园区布局和建设，力争在信息技术、新能源、新材料等战略性新兴产业上取得突破；通过支持产业集群发展，鼓励企业组建核心技术联盟并共同开发，形成技术领先的特色产业集群。

第三，产业创新环境显著提升。一方面，深化各大科研院所改革，发挥其在产业技术创新中的核心作用，并推动高校院所和企业人才交流，推动科技成果转化和产业化；另一方面，构建鼓励创新的科技政策体系，利用税收优惠政策等引导企业加大科研投入。

科技创新对我国企业和重点产业的未来发展具有重要意义，但当前产业创新发展仍面临一些突出矛盾和困难，距离“中国制造”转变为“中国智造”仍有一段距离。在当今社会面临实体经济振兴的重大难题下，在推进供给侧结构性改革的过程中，应该结合时代特征和发展趋势，以引领第四次工业革命为目标，积极推进供给侧结构性改革，坚定不移地开展科技创新，大力发展“新实体经济”。

新实体经济就是面向未来与先进科学技术结合的新业态，就是现代工业，就是先进制造业，就是科技服务业，就是创新产业。技术创新的每一次重大突破，往往都会带来一系列新技术、新材料、新工艺、新装备，运用这些先进技术对传统产业进行改造，有利于提升传统产业的生产效率和产品质量，降低生产成本，促进产业的高端化、生态化发展，加速我国产业结构的优化与升级。面对日益高涨的新技术浪潮，人们越来越倾向于认为一次全新的工业革命正在孕育之中。在过去200多年来的世界工业化历史中，中国因为各种原因多次错失工业革命的契机。目前我国作为世界第二大经济体，是世界最大的制造业国家，即将到来的第四次工业革命将为我们提供弯道超车的绝佳历史机遇。

中国工业和制造业下一步发展的目标是，通过信息化和工业化的深度融合来引领和带动整个制造业的发展，从而使我国从制造业大国变为制造业强国。第四次工业革命将是以信息技术为基础，以大数据、物联网、云计算等新一代信息技术为工具，发展人工智能、新能源、生物技术等新兴技术领域，将数字世界、物理世界和人类生活进行多方面深度融合并影响深远的一次历史性科技革命。对我国来说，新一轮工业革命将为新实体经济的发展创造巨大空间，要抓住这个机遇，借机拓展产业优化与升级路径；要推动智能机器人等新的制造系统和生产设备的发展，带动信息技术、新材料产业以及工业设计等生产性服务业的增长；要充分利用制造业的基础优势，为先进制造技术发展提供巨大的潜在市场和应用场所；要调动广大企业技术创新突破和科技应用的积极性，形成中国面向未来的独特制造技术和制造业升级路径，力争尽快实现中国智能制造跃居世界前列。

二、发展新实体经济的要点

（一）突破前沿高新技术

科学技术是第一生产力。催生新实体经济，一定要在新技术、新产品的领域得到发展。当前我国实体经济的企业品牌竞争力不强，其软肋表现在核心技术微乎其微，关键技术缺失。举例而言，我国装备制造业一般配套件的供应非常充足，但传动部件、控制元件、发动机等高技术含量、高附加值的核心零部件仍主要依赖进口，这严重制约了高端产品的发展。

新实体的发展要靠新科技去推动，要面向未来去突破，还须重视新的颠覆性的科学技术，如人工智能可能会成为下一轮新实体经济发展的最大动力。如今，人工智能在不断介入消费、游戏、医疗、制造等各个领域，各种智能产品层出不穷，如智能冰箱、智能自行车、智能手表、智能机器人等。同时人工智能也已呈现出改变工业领域的趋势，跟工业 4.0 的结合表现在智能工厂和智能生产上。制造业能否结合人工智能升级为智能化、现代化产业，充分提高效率，是催生新实体经济的重要领域。

新实体要研究的规模化定制和精益制造，是通过物联网技术采集数据并通过人工智能算法处理数据的智能化制造。通过形成高度灵活、个性化、网络化的生产链条，实现传统制造业的精准升级。近几年我国经济进入新常态，人口红利逐渐消失，传统制造业面临产业升级的迫切需求。而传感技术、运算能力、深度学习等技术的不断发展，以及 5G 网络和物联网标准核心协议的落地，将极大地推动制造业的发展。

新实体也要研究新材料和新能源。如让传统的可再生能源得到现代化的开发和利用，用取之不尽、周而复始的可再生能源取代资源有限、污染环境的化石能源，不断创造出新能源，包括太阳能、风能、地热能、波浪能、生物质能、潮汐能和核能。随着常规能源的有限性以及环境问题的越发突出，以环保和可再生为特质的新能源越来越受到各国的重视。太阳能的应用主要是指太阳能光伏发电和太阳能电池。在光伏发电方面，随着中国国内光伏产业规模逐步扩大、技术逐步提升，光伏发电成本会逐步下降，未来中国国内光伏容量将大幅增加。在太阳能电池方面，近年来，太阳能电池制造业通过引进、消化、吸收和再创新，取得了长足的发展，中国也将成为使用太阳能的大市场。《关于推进“互联网+”智慧能源发展的指导意见》印发实施，计划 2025 年初步建成能源互联网产业体系，建成较为完善的能源互联网市场机制和市场体系。

（二）重塑先进的商业模式

商业模式是利益相关者的交易结构，即企业在其选择的业务活动环节与各类资源提供者之间的交易结构。对新实体经济而言，必须要有新商业模式。

如何对新实体企业的商业模式进行界定？第一，必须从客户的角度考虑。一个企业存在的理由是什么？客户愿不愿意买单？从用户价值来定义，可以分析出业态横向扩展性、纵向延伸性、平台衍生性以及关联协同性。第二，必须思考关键的资源能力，如品牌、技术、渠道等，不同的商业阶段，需要不同的关键资源能力。第三，必须搭建高效的业务系统，构建一个围绕定位来建立内外部利益相关者的交易结构，分配各方在各个环节中的角色和组织方式，在这个系统上提高效率，降低成本。第四，必须思考企业的收益及分配方式。由于最终分配的来源是整个商业模式价值，要考虑以何种方式来获取收益，同时必须思考纳税、社会责任、员工福利、股东回报等方面的收益安排和结果。

新实体经济企业的商业模式往往是传统产业被互联网、人工智能等新技术改造过的新模式，包括融合互联网的零售、批发、生产、制造、物流、金融等服务环节，最终形成以新零售、新制造为代表的全新业态。

以新零售为例，新的商业模式和市场竞争创造了更多新岗位。商务部流通产业促进中心2016年9月发布了《走进零售新时代——深度解读新零售》报告，该报告旨在释放消费潜力，为推动供给侧结构性改革和促进经济增长提供支撑。而以天猫、京东等为代表的新零售平台倡导线上、线下、物流这三者的融合发展，以消减库存，充分利用互联网驱动零售新变革。在各产业投身新零售的进程中，变革了商品流通体系，催生了新型商业模式，释放了巨大的消费潜力。有研究称，通过新零售平台每产生 100 元的销售额，将拉动 89 元的生产和批发产值。

新零售有“五新”，即新角色、新内容、新业态、新关系、新理念。“新角色”是指互联网零售平台，在下游洞悉消费者需求，并向上游供应商提供消费者需求大数据资源，进而成为供应商的生产研发活动和市场推广活动的服务者。“新内容”是指平台由商品销售者变为“商品和服务”的提供者，平台利用商品数字化、会员数字化为生产企业、供应商提供新型的数据服务。“新业态”是指通过清晰洞察消费者痛点，对零售业态的各要素再次进行边际调整，组成新型经营业态。“新关系”是互联网平台为供应商赋能，与消费者实现互动和交流，构建平台与消费者之间深度互动的社群关系。“新理念”则是指需要适应消费者主权时代的新理念、新模式，通过零售变革更精准地满足消费者需求，为消费者不断创造价值。

在诸多商家因为实体店不景气而关张转行，甚至抱怨虚拟店挤垮实体店的同时，商业巨头又蜂拥从线上到了线下。根据贝恩公司等发布的《2016 年中国购物者报告》，便利店在 2015 年实现了超过 13%的增长。许多国外便利店品牌也纷纷进驻内地，如罗森（LAWSON）便利店 2016 年宣布将加快在中国的开店速度，力争到 2020 年店铺数量翻两番，从目前的约 750 家扩张至 3000 家左右；全家便利店（FamilyMart）也宣布将在 2024 年实现开设一万家门店的目标。而阿里集团和京东实施农村包围城市的零售拓展策略，大力扶持农村夫妻开设天猫小店和京东之家。新零售领域，线上与线下的快速转换让人们猝不及防，在消费升级、技术革新的大环境下，哪家企业能找准人们的需求点，切中市场的短板和痛点，同时创建有效的品牌，且产品质量过硬，哪家企业就能成为中国主流产业或企业。

（三）制定“天生全球化”战略

全球化的进程加速了产业的分工和结构调整，互联网的飞速发展为年轻人创造了大量的就业岗位。在全球化条件下，人才跟随材料、信息、市场等要素在全球范围内不断流动，为新实体企业的发展提供了广阔的前景。

人们通过网络进行互动越来越便利，很多项目可以很快从国际同行中学习不同的方式，打开国门，在全球背景下转型升级，无论低、中、高端都能找到相关的资源市场。这对传统的企业理论也是挑战：以往的企业都是先在本国站稳脚跟后，才开始向海外拓展，进军海外的初期都不敢太过冒进。如强生公司（Johnson & Johnson）在美国创立于1886年，直到1919年才在加拿大成立了第一家海外子公司；索尼（Sony Corporation）成立于1946年，11年后才向美国出口了首个产品——TR-63半导体收音机。而如今，许多企业在创立之初就放眼全球：它们不像以前的企业那样从周边供应商处购买原料，也不一定把工厂设在总部附近，而是在全球范围内寻找最佳的制造地点。创业伊始，他们就在全球范围内寻求人才和投资者，并学习如何远距离管理企业，即“天生全球化”。

新实体企业走“天生全球化”道路的必要性有两个层面：第一是宏观层面，当今的主体都是全球化配置市场资源，从资源依附视角可以解释为什么创业初始就要国际化，因为市场国际化需要克服拒绝变化的固有惯性，可以规避既往的路径依赖，从而在全球范围协调资源；第二是微观层面，对微观企业个体来说，它们对外界信息高度警觉，具备国际化经验。“天生全球化”下的商业活动所采用的形式、可能掌控的范围、企业家的思考，已经不是传统思维的投资，而是依靠多元结构控制资产。

（四）培养“新一代”企业领袖

企业家是稀缺的社会资源。所谓新一代企业领袖，是指那些能够促进他们所在业务单元成长，并能够服务于企业未来国际化、科技化、智能化运营需求的企业家。对于新实体经济的发展来说，一大批能够代表整个组织而非仅在其所属领域的领袖级企业家，对行业和社会发展也极其重要。现代社会的客户或消费者需要的是解决方案而非产品，所以需要不同业务单元一致合作以满足市场需求；集团公司需要在不同功能、地区和业务单元之间分享资源以实现效率的最大化，领袖级的管理者需要掌握集团全局的状况，才能更好地应对当前的环境。

令人欣喜的是，一批新型企业在通过全球资源实现增长的同时，企业家的发展空间也越来越大。新一代的“天生全球化”企业领袖必须具备前瞻眼光、领导力和激情，同时还得磨炼以下四项能力。第一，阐明目标，提出非常清晰的全球化依据和方向。第二，建立联盟，与总部设在其他国家的大型企业建立合作关系，迅速进入全球市场。在与全球合作伙伴沟通时，必须跨越地理距离和心理距离。第三，优化供应链，管理复杂的供应网络是一大挑战，全球供应链正是商机所在。第四，管理跨国组织，必须具备协调、控制和沟通能力，如此才能管理好全球化机构，应对管理复杂组织的挑战。

第三章

世界强国的实体新路

沉重的税收压在每一件“美国制造”产品上，逼迫企业纷纷将就业岗位和工厂远置海外……我们将减免美国企业的税收，以便在国内创办更多企业……要把重要的制造业职位带回我们自己的国家。

——唐纳德·特朗普（第45任美国总统）

纵观世界主要经济体的发展历程，其崛起必然伴随着工业化实体经济的迅猛发展，其衰落往往也与后工业化、产业空心化密切相关。美国、德国、日本、以色列等工业化程度较高的发达国家，近期都面临着如何回归到实体经济之中的转型难题，它们依托自身的优势也在积极寻求新的发展道路。这些经济强国探索“新实体经济”的实践路径，可以为我们提供借鉴。

一、美国：再工业化“复兴制造”

美国历经两次工业革命跻身世界一流大国，较高的劳动生产率与发达的要素市场使其制造业长期雄踞世界第一。美国经济曾高度依赖工业，工业也是确保美国经济崛起的最大推动力。2008 年全球金融危机爆发后，美国在恢复与稳定国内经济的同时，开始重新思考应该通过何种方式来推动经济长期增长。

（一）再工业化的动因

20 世纪 80 年代以来，美国经济逐渐向价值链的市场和研发两端延伸，而把低附加值、处于中间环节的制造业导出，其制造业开始经历趋势性萎缩。20 世纪 50 年代初，美国制造业增加值占世界总和的近40%，到21世纪初这一比例降至30%。从整个经济发展来看，美国经济出现了由实变虚的明显变化，呈现明显的去工业化特征。实体经济占GDP（国内生产总值）的比重从1980年的30.2%下降至2008年的19%。

发达的服务业在拉动美国经济持续增长的同时，也掩盖了去工业化的种种弊端。2008年全球金融危机的爆发，极大地冲击了美国经济，美国社会对过去所依赖的经济增长模式进行了深刻反思，认为经济的结构性失衡在很大程度上是美国经济“去工业化”和“虚拟化”的后果，是美国制造业数十年来不断萎缩的必然。这一教训使美国经济开始谋求转型。2009年奥巴马政府推出再工业化战略，使美国回归实体经济，转向健康、可持续的增长模式，这一趋势在特朗普总统上台后得到了强化。

（二）再工业化的实施策略

美国再工业化政策是在金融危机过后为拯救国民经济而做出的经济增长战略的重要组成部分，该经济增长战略包括财政政策、货币政策、贸易政策及产业政策在内的一系列政策。再工业化作为产业政策的重头戏，不仅与其他政策高度相关，更是其他政策能够顺利实施的重要条件。

所谓的再工业化战略，其实就是制造业的回归，但不是简单的回归，其旨在重塑实体经济，这是对之前资本市场被虚拟经济主导，甚至重要制造业日趋“空心化”的矫正。特朗普总统在多个场合强调让工业和制造业重回美国，他称“沉重的税收压在每一件‘美国制造’产品上，逼迫企业纷纷将就业岗位和工厂远置海外……我们将减免美国企业的税收，以便在国内创办更多企业……要把重要的制造业职位带回我们自己的国家”。

美国再工业化的举措主要包括以下几个方面。

1. 制定法律，设立相应的政府机构

美国为复兴制造业颁布了一系列的章程、法案。再工业化战略实施之初政府就公布了《重振美国制造业框架》报告。报告列举事实，分析挑战，初步勾勒出了七大重要举措。后来又陆续发布了《制造业促进法案》《“高端制造合作伙伴”计划》《先进制造业国家战略计划》《美国制造业振兴法案》等，为美国制造业复兴提供了法律基础与保障。奥巴马政府时期还建立了相应的政府机构，致力于推动美国产业进步，协调相关政府部门之间的制造业产业政策制定和执行。如国家先进制造项目办公室（AMNPO）、美国增材制造创新研究院（NAMII）、白宫贸易和制造业政策办公室（OTMP）等。

2. 大力发展先进制造业和新兴产业

实施再工业化战略，不是简单地回归传统制造业领域，而是有所侧重，致力于制造业中最高端、附加价值最高的领域。全力强化技术优势，重点制造他国无法制造的产品，尤其是大型、复杂、精密、高度系统整合的产品，与新兴工业化国家形成错位发展。如美国高度重视发展清洁能源和低碳技术，主张依靠科学技术开辟能源独立的新路径。而对纺织、服装、家具和鞋类等“生活型制造业”以及矿业、钢铁业和造纸等“资源消耗型制造业”，并没有给予过多的资金支持，只是通过提高关税和非关税壁垒对其加以适当保护，这一差别化的产业政策值得我们思考。

3. 鼓励科技创新，配套政策引导工厂回迁

复兴制造业的另一重要举措与扩大制造业出口市场相适应，鼓

励研发和创新，突出美国新技术、新产业和新产品的领先地位。美国制订了高新制造业鼓励发展计划，鼓励企业、大学及政府之间加强合作，帮助美国重夺全球尖端科技制造业（包括生物技术、机器人及纳米技术）的领先地位。此外美国还综合利用工业政策、税收政策、能源政策、教育政策外加汇率武器与贸易工具形成政策合力，支持优秀企业的回流。

（三）再工业化的成效及借鉴

从整体来看，美国的再工业化战略取得了一定的成效。在提高产值、创造就业方面表现得较为明显。如图 3.1 所示，在再工业化战略实施前后，美国制造业的就业人数有了明显的提升，2012 年实现了 3.2%的增长，之后数年的就业人数也基本保持着增长态势。如图 3.2 所示，其制造业产值也在稳步提升，单就制造业利用外资来看，其规模亦呈增长之势。2012 年制造业利用外资的增速要快于总体规模，且超过对外投资额，成为外资“净流入”领域。在相关配套政策的引导下，一些制造业企业开始向美国回流。2018 年 1 月，苹果公司（Apple Inc.）宣布了一项新的投资计划，以支持美国经济和劳动力的承诺为基础，集中在三个领域：直接就业、国内供应商和制造商的支出和投资，以及用 iPhone（苹果手机）和 App Store（苹果应用程序商店）创造的快速增长的应用程序经济。苹果公司首席执行官蒂姆·库克（Tim Cook）称：“苹果公司是一个成功的例子，我们很自豪能够建立在美国经济支持的基础上。我们深信美国智慧的力量，所以我们把投资的重点放在对创造就业和对就业有直接影响的领域上，我们对回报国家和人民有着深深的责任感，这种责任感也帮助我们取得成功。”苹果公司已经是美国最大的纳税人，税法修改所需的返还税额约为 380

亿美元。苹果公司已经负责在美国各地创造和支持超过 200 万个工作岗位，并预计此次举措宣布后将带来更多的工作机会，苹果公司这一决定对美国经济的直接贡献在未来五年将超过 3500 亿美元。这表明，除了对国内就业及产值具有积极作用外，再工业化战略更重要的影响在于为美国经济的长期稳定发展提供了诸多可能。

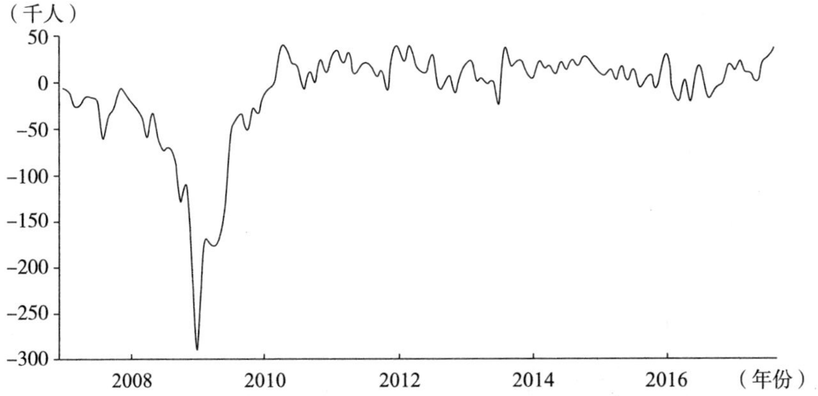

图 3.1　美国制造业就业人数变化情况

资料来源：美国劳工部。

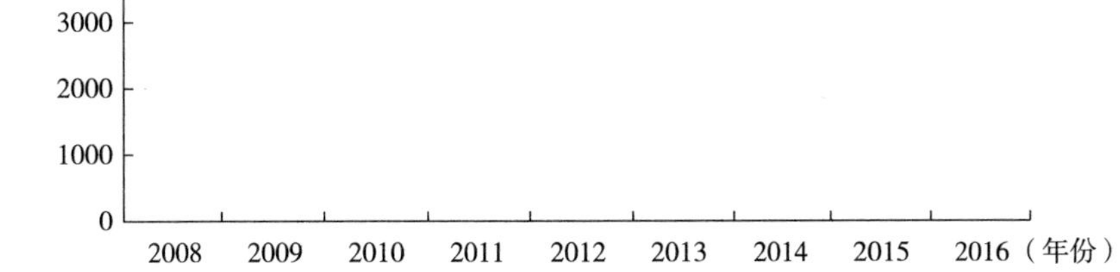

图 3.2　美国制造业产值变化情况

资料来源：美国经济分析局。

美国再工业化战略也为我国经济发展提供了诸多启示。首先，对一国的可持续发展而言，无论其身处工业化的何种阶段，牢牢把握实体经济都极为必要。中国要重视制造业的发展，防止产业空心化和虚拟化。在经济发展的转型过程中，要加大创新投入，发展先进制造业，抢占产业价值链的高端位置，推动具有核心自主知识产权的成果应用和产业化，培育发展战略性新兴产业，提升制造业的总体创新水平。此外还要重视顶层设计与相关法律法规的结合，以及与相关政策配套形成合力共同促进经济发展。

二、德国：工业 4.0 打造强国

作为高度发达的工业国家，德国制造在全球竞争中一直有优势地位，无论是质量还是技术，都是优良制造的代名词。德国制造业产品 70%左右都用于出口。正因如此，德国经济才能在欧债危机以来保持稳定，与欧洲其他国家形成了鲜明对比。

（一）工业 4.0 战略

工业 4.0 战略是在 2013 年的德国汉诺威工业博览会上首次提出的，由德国联邦经济部部长以及来自行业、科技界和工会的代表共同成立了德国工业 4.0 平台，此后这一概念逐渐引人注目。之所以称为工业 4.0，主要是相对于前三次工业革命而言。工业 1.0 指的是 18 世纪开始的第一次工业革命，实现了机械生产代替手工劳动；工业 2.0 指的是始于 20 世纪初的第二次工业革命，依靠流水化生产线实现批量生产；工业 3.0 指的是 20 世纪 70 年代后，依靠电子系统和信息技术实现生产自动化。

工业 4.0 是指利用物联信息系统（Cyber-Physical System，简称 CPS）将生产中的供应、制造、销售信息数据化、智慧化，最后达到快速、有效、个人化的产品供应。德国从工业革命以后一直是世界制造业中的佼佼者，在电子、航天、汽车、精密机械、装备制造、军工等主要工业部门都处于领先地位，其工业品以品质精良著称，技术领先，做工细腻但成本较高，在发展中国家制造业崛起之后，德国的市场份额被不断挤压，2008—2012 年德国工业出口几乎没有增长。为降低人工成本，保持并提高其产品的优势，德国提出了工业 4.0 战略。工业 4.0 战略的提出一方面源于美国等发达国家“再工业化”带来的刺激，另一方面是因为新兴国家的崛起使德国产品在国际市场上的地位受到挑战，其主旨是支持工业领域新一代革命性技术的研发与创新，保持德国的国际竞争力。从整体来看，德国工业 4.0 战略在实施过程中具有以下特点。

1. 特殊国情决定德国将重点集中在制造设备上

每个国家的特殊国情决定了战略差异。德国劳动力短缺一直是困扰发展的大问题。在 2015 年各国竞争力指数报告中，劳动力是德国唯一弱于创新驱动型国家平均水平的一项，因此德国通过研发更先进的自动生产线来弥补这一点，可以说德国先进的设备和自动化生产线举世闻名。德国很早就将误差补偿、刀具寿命预测、多轴同步性算法、主轴震频补偿等解决方式以功能包的形式固化到了机床中，因此即便是对制造工艺和操作并不熟悉的工人也能够生产出可靠的产品。

德国人做事严谨，对故障和缺陷零容忍，在解决制造过程中遇到的问题时，也将收获的知识和流程固化到装备和生产线中，从而完善、升级整个生产流程，避免以后遇到类似的问题。此外德国普遍实行“双元制”高等教育模式，学生需要在企业和学校分别进行学徒实习和理论学习，让学生的理论和应用紧密结合，这样学生一毕业就是熟练的劳动力，节省了大量的人力和时间成本。

2. 集成知识成果产生经济回报

生产制造型企业追求的目标基本一致，即以更低的成本、更快的速度满足更具个性化的需求。不同企业因在自身发展基础等方面存在差异，所以能够选择的最现实、最经济的竞争力提升路径也有很大差异。无论何种产业发展战略，最终还是要落到企业层面，目的是提高竞争力。在工业 4.0 计划中，借助自动化、数字化、智能化等知识成果集成的系统产品，纵向实现将德国制造的智慧结晶从供给端到需求端，以产品的形式提供给客户作为增值服务，实现可持续的盈利；横向实现各个链条和环节的互联互通，实现智能制造的同时，提供更多增值服务，并提升工业产品出口的竞争力，产生直接的经济回报。以软件行业为例，德国在该领域虽然不是最强的，但是德国利用自身强项，把工艺、设备、软件组合起来，形成一个整体，这样就极大地提高了生产效率，增加了利润空间。

3. 从概念到实用，逐步实现突破

工业 4.0 在几年的发展中内涵不断扩充，企业在产品和解决方案研发方面发展迅猛，技术运用使高度个性化产品的低成本生产成为可能。2016 年汉诺威工业博览会的主题是“产业集成——发现解决方案”，展出了工业自动化、数字化工厂、工业零部件、研发和技术、能源五大模块，其中重点关注工业自动化和信息技术的结合、

能源和环境工程、创新的分承包解决方案、研发等话题。总的来看，这些发展前沿基本体现了先进信息技术的广泛渗透和融合。工业 4.0 的发展演进体现了向智能化、网络化转型发展的连贯思路，得到了国际社会的普遍认同。

例如，博世集团既是工业 4.0 产品和解决方案的提供者，也是应用者，其应用工业 4.0 的技术已经显示出很强的实用价值。博世能向客户展示其内部测试的具有说服力的数据，比如在应用工业 4.0 技术之后，物流方面减少了 30%的仓储，物流工作人员的生产率提高了 10%。在博世的一个工厂内应用工业 4.0 的能源解决方案之后，每年仅电费就节约了 100 万欧元，而工业 4.0 方面的投资在一年内即可收回，平台建设已经开始发挥实质性作用。

（二）工业 4.0 的启示

工业 4.0 集中于高端制造业的信息物流系统和发达的动态配置生产方式。中国在这些领域还与发达国家存在较大的差距，标准化的工厂操作流程对我们来说也有一定的困难。但这些无疑是未来工业化生产的趋势，对工业 4.0，中国既要借鉴也要应对。

一方面，对德国工业 4.0，我们应该深入研究。工业 4.0 是德国实施的全球市场运动，中国企业应该搭乘这辆便车，借鉴其优势。德国工业 4.0 战略为我们展现了一幅全新的工业蓝图，深入分析其要点，可以洞察德国提出工业 4.0 的战略意图。在新的发展背景下，将信息化的时代特征与工业化进程紧密结合起来，把两化深度融合作为主线，为推动工业转型升级注入新动力，在向工业化迈进的过程中占得先机。

另一方面，先进制造业基本都是人才、技术、知识、资金密集型行业。对我国来讲，技术成熟、知识积累、市场认可等在短期内很难实现跨越式发展。尽管我国具备超大规模多层次国内市场等优势条件，不少产业在发展初期比较容易实现规模的快速扩张，但我们需要切实认识到在关键领域和环节实现突破的巨大难度，需正确认识制造业向中高端“爬坡”的复杂性和难度，脚踏实地、久久为功。制造业企业要向德国企业学习，通过学会生产制造过程与业务管理系统的深度集成，实现对生产要素的高度灵活配置，实现大规模生产高度定制化产品，让中国制造紧跟时代趋势，提前迈向智能化，以适应未来的国际竞争。

三、日本：智能制造开启新篇章

日本资源匮乏并极大地依赖进口，发达的制造业是国民经济的主要支柱。在全球经济和制造业方面，日本制造业技术水平和制造能力皆属世界一流。进入21世纪后，各发达国家纷纷发展信息化产业，日本则坚持将制造业作为立国之本。

（一）新机器人战略

日本经济发展水平一直位居世界前列，随着出生率下降、育龄人口减少、人口老龄化加重等社会问题日益严峻，近几年日本的两大强势传统产业——汽车制造产业和消费电子产业——正在不断被韩国、美国、中国瓜分。虽然日本制造质量好、价格低，但在经济全球化之下，已经不能单靠这一优势发展。日本制造需要全面创新来为其经济增长提供动力，于是机器人技术受到了关注。

日本工业的主要部门有电子、家用电器、汽车、精密机械、造船、钢铁、化工和医药等，日本工业产品在国际市场上有很强的竞争力。在过去30年，日本被称为“机器人超级大国”，机器人产业占国家经济增长的比重远远超过世界其他国家，其拥有世界上数量最大的机器人用户及机器人设备、服务生产商。日本政府希望通过开发和推广机器人技术来缓解劳动力短缺的问题，并试图提高制造业、医疗服务与护理业，以及农业、建筑业、基础设施维护等行业的生产效率。

2015年1月，日本公布了《机器人新战略》，同年又成立了“产官学”一体化的机器人革命倡议协议会，旨在推动新机器人战略。日本首相安倍晋三强调2015年是日本“机器人革命元年”，日本要高度重视“机器人革命”对振兴经济的作用。《机器人新战略》的重点是，通过熟练掌握大数据、网络技术及人工智能技术，实现自律化、终端化、网络化。在这一战略中，智能汽车、智能家电、智能住宅等智能产品都被认为是“机器人”。2015年10月，日本设立了物联网推进组织，通过“产官学”合作，破除企业与大学及研究机构之间的隔阂，让大学与企业的合作成为一种常态机制，政府在其中起到牵线搭桥的作用，通过三方合作来推动物联网、大数据、人工智能等技术的开发与商业创新。

（二）智能制造系统（IMS）

除了机器人战略之外，日本还在推进生产企业实现智能化生产。日本早在1989年就提出了IMS概念，并于1995年启动了IMS国际合作研究项目，欧美等国纷纷加入日本的IMS国际合作项目中。虽然IMS仅限于工厂内部系统智能化，但后来德国提出的工业4.0与美国提出的工业物联网是基于 IMS 延伸到互联网思维的智能制造与服务系统。

日本首相安倍晋三提出了新的经济成长目标：2020 年日本 GDP 要达到 600 万亿日元。为达到目标，日本经济产业省提出第四次产业革命战略，人工智能被确定为其三个核心技术方向之一。人工智能技术战略会议 2017 年 3 月发布政府“工程表”。工程表主要分三个阶段，以期通过人工智能的运用，实现生产、流通、医疗与护理等领域效率的大幅提高。

第一阶段（现在至 2020 年），确立无人工厂和无人农场技术，普及新药研制的人工智能支持，实现生产设备故障的人工智能预测。

第二阶段（2020—2030 年），达到人与物输送及配送的完全自动化，机器人的多功能化及相互协作，实现个性化的新药研制，以及家庭与家电人工智能的完全控制。

第三阶段（2030 年以后），使护理机器人成为家族的一员，实现出行自动化及无人驾驶的普及（人为原因交通事故死亡率降为零），能够进行潜意识的智能分析并实现本能欲望的可视化。

其中，在以网络销售为主的物流领域，通过卡车、自动驾驶的铁路机车、小型无人机等，在 2030 年实现运输和服务的完全无人化目标格外引人注目。为此，政府需向国会提出国家战略特区法修正案，以便在特区率先开展自动驾驶和装卸货物等实证试验。

日本较为注重制造业的技术含量，所以人工智能技术更多的是用来服务制造业。许多日本制造业公司正在通过人工智能实现制造智能化，最大限度地减少人力，提升制造品质。未来日本或将通过技术水平超高的人工智能和“新机器人”实现“超级智能社会”构想。

四、以色列：科技孵化创业之国

当世人还在关注其与周边国家的军事摩擦之际，国土面积仅两万多平方千米的以色列，已悄然成为科技创新“大国”，号称“中东硅谷”和“创业之国”。以色列在建国初期还是一个落后的农业国，60 多年来它通过一系列改革、军事发展、人才教育、专利保护等，使经济飞速发展，其中科技创新功不可没。

（一）中东硅谷、军工发力

以色列一直致力于科学和工程学的研究，以色列的科学家在遗传学、计算机科学、光学、工程学以及其他技术产业方面的贡献都相当杰出。以色列的研发产业中最知名的是军事科技产业，在农业、物理学和医学上的研发实力也很强。以色列信奉政府干预，建国以后形成以社会所有制为主体的经济体制，经济的方方面面便掌握在各种所有制的企业、团体手中。1985 年以色列实施被称作“休克疗法”的“经济稳定工程”，使经济趋于稳定，并启动了经济自由化改革，减少政府干预，完善市场机制，使市场主导资源配置，奠定了以色列成为创新之国的基础。

战争冲突刺激了以色列的军工和科技发展。以色列是中东地区经济最发达的国家，除了炼油、钻石开采等方面举世闻名外，因战争刺激，以色列在军工技术方面也非常强大，而军工科技对创新发展也起到了促进作用。因为在中东的特殊地位，美国认为以色列具有重要的战略意义。几十年间，美国不断提供最先进的军事技术、武器装备，使以色列成为新式武器和技术的实验场，建立了强大的军事工业，这使以色列的军事工业在世界名列前茅。

以色列的全民兵役制度也培育和储存了大批年轻的军事人才。聪明的年轻人在服役期间会被科技部门挑选出来，在独立部门进行精英培养。在这里他们有机会接触高科技领域尖端人才，学习更多的尖端技术，所以在以色列的创业者中，通常拥有可追溯至军队服役时期学到的专业技术。目前，以色列在军工技术、精密电子元件、航空等领域皆处于世界领先水平，并且无人机、电子监控系统在国际上也有很好的口碑。

（二）重视转化、丰厚土壤

1. 教育与人才工作是重中之重

以色列重视教育，在建国之前就建立了希伯来大学和以色列理工学院。建国以后，以色列实行人才强国战略，储备了大量的智力资源，公民教育率达 95%，仅次于瑞典。以色列近五年的教育经费支出占 GDP 的 5.6%；国民受教育预期年限高达 16 年；高等教育入学率上升，2012—2014 年在 62.5%左右，2015—2016 年上升至 67%左右。大量的国民教育投入，使以色列专业研发人员数量占比居世界首位。据估计，在以色列高科技公司的创始人和经理人中，70%以上毕业于以色列理工学院；以色列在纳斯达克的上市公司创始人和 CEO 中，68%毕业于以色列理工学院；在以色列电子行业的经理人中，74%有以色列理工学院学位。大学教育为创新提供了巨大的学术与科研支持。

2. 重视科技成果转化

以色列的大学和研究机构都注重研究成果走向市场，研究成果通过技术转化公司，成为具有商业价值的产品。技术转化公司的运营模式都大体相似，即先寻找具有商业价值的研究成果，然后为其申请技术专利，通过各种渠道寻找合作伙伴，通过融资成立公司，之后将生产产品投入市场并产生收益，再将收益回馈到技术转化的各个流程。最终的收入将分为技术转化公司经营费用、团队研究经费、研究员个人收入这三部分。由于技术转化公司的挖掘和运作，最先进的技术得以进入市场并产生收益，在所收益财力的支持下，研究人员可以专注研究。

3. 走“技术派”路线

以色列在“科技立国”的战略下，涌现出大量的技术创新成果和专利授权。虽然以色列的发展因地域、资源等因素而受到一定程度的限制，但通过“技术派”的路线它走出了自己的创新之路。虽然国家规模较小，没有庞大的用户市场和消费市场支撑商业模式创新，很难诞生世界级的公司，但以色列抓住了技术创新之路，取得了显著的效果。以色列作为中东地区最为强大、现代化和经济发展最好的国家，拥有该地区管理最好、对财产权利保护最佳的经济体制。以色列创新有以下特点：第一，政府政策支持，创造有利于创新的环境，国家科技管理体制非常完善，且实行严格的知识产权保护制度；第二，创新主体为中小企业，企业拥有完全的创新成果产权；第三，重视国际合作，与发达国家联系紧密，推动其不断创新和高速发展。

4. 改革体制，培育创新土壤

以色列政府通过支持创业公司孵化器来驱动创新，使以色列成为培育创业公司的优质土壤。以色列政府做了两件事。第一件事是在 1991 年创建了一个科技孵化器项目，其原则为“风险分担、收益不共享”。政府为进入孵化器的企业提供两年的软贷款，企业失败不需要偿还，成功后再以很低的利息连本带息地偿还贷款。之后政府用这些资金去扶持新的企业。第二件事是 1992 年建立了一个创业投资基金项目，推动了风险投资的发展。2016 年 1 月，以色列成立国家技术和创新局（NATI），取代经济部的首席科学家办公室，直接统领以色列产业研发中心（MATIMOP）。国家技术和创新局设立了多个研发委员会，具体负责各领域的创新项目，以确保创新政策的时效性与灵活性，对接全球化时代以色列初创企业的需求。

以色列盛产创业公司，因此被称为“创业之国”，这体现了它的科技实力和人才的创造力。根据 TerraLab Ventures（以色列一家风险投资公司）的一项调查，仅在 2013 年，以色列就诞生了约 1000 家新的创业公司，按照人均创业公司数量计算，以色列超越了任何一个国家。同时以色列也因频繁的创业活动而受到全球资本的青睐，成功吸引了国外资金流入。仅 2015 年，以色列新成立的初创企业就达 1400 余家，其中 373 家企业筹集了约 35. 8 亿美元资金，69 家企业以 54. 1 亿美元被收购。基于以色列的国情，很多企业自创业初期便将目标瞄准海外市场。目前以色列在纳斯达克上市的新兴企业总数超过欧洲的总和，也超过了日本、中国、印度的总和，仅次于美国。

第四章

技术突破：新实体发展的关键

企业一旦站立到浪尖上，维持的办法只有一个，那就是持续创新。

——张瑞敏（海尔集团董事长）

一、科技革命加速进展

世界经济发展至今，上一轮科技和产业革命提供的动能几乎耗尽，传统发展模式的潜能趋于消退，经济治理机制遭遇困境，导致世界经济复苏动力不足，有效需求不振。传统经济动能的失速，导致政府许多非常规政策行为，如负利率政策、贸易保护主义等重新抬头，都与当前的经济困境密不可分。

在经济学理论中，从哈罗德-多马模型到新古典增长理论的发展，再到新经济增长理论的出现，经济学家们对科学技术进步是经济长期增长的源泉这一认识已逐渐达成共识。科学技术是经济发展的第一动力，旧有的经济增长动能已经难以为继，新实体经济必须建立在前沿技术突破产生的新业态之上。

（一）长周期中科技要素作用凸显

当前世界经济正处于衰退或萧条期。50年左右的经济长波周期规律的本质是熊彼特所说的技术创新周期，即以重大技术发明及其外溢、应用的生命周期作为经济周期的划分标志。业界普遍达成共识的前四次康波周期分布为43～63年。陈漓高（2009）和周金涛（2016）认为，美国次贷危机引发的全球金融危机是第五次康波的第一次衰退冲击，深层的原因是作为本轮康波的核心驱动力的信息技术创新及信息产业发展态势停滞。衰退期来临，时隔十年后衰退是否已经悄然转入萧条，新一轮技术、产业革新引领的康波又是否可期？找准当前中国所处经济周期的具体位置，对我们研判新实体经济依赖的技术突破方向具有重要意义。

除去经济的长期波动，确定经济周期中更具体的位置需要考察中期波动。朱格拉周期目前已经被学界和业界普遍定义为产业周期，改革开放后的中国经历了三轮朱格拉周期：1981—1990 年以满足人们基本物质生活的消费品产业发展为标志的第一轮周期；1990—1999 年以轻工制造业发展为主要推动力的第二轮周期；2000—2009 年主要由房地产和传统重工业驱动的第三轮周期。中国 GDP 增速数据的波动与三轮周期时间的划分非常吻合，即每轮周期始末点 GDP 增速都处于波谷状态（见图 4.1）。

图 4.1　1978—2016 年中国 GDP 增速

房地产和传统重工业作为近年经济驱动力的实证证据有待进一

步研究。现在针对中国房地产与经济周期的研究较少。何青等（2015）通过2007—2013年住宅开发投资增速与GDP增速的相关系数比1998—2013年的相关系数更大，得出2007年之后房地产市场与中国经济周期变动的关系会更加紧密的结论。展望未来，房地产和重工业能否作为下一周期的主要驱动力，新一轮周期的驱动力是否会出现变化，如与互联网、物联网、信息技术更紧密结合，值得我们思考。

改革开放四十年来，我国科技实力实现了突飞猛进的增长，为我国社会与经济发展、产业结构优化提供了重要支撑，在一些重点战略领域实现了跨越式发展，深化并丰富了中国的工业化、信息化和城市化目标，为增强自主创新能力和建设创新型国家、全面推进小康社会建设奠定了基础。以科技要素总量和投入规模为基准，现今我国的整体科技实力已位居世界前列。我国科技研发人员数量不断提高，2016年已达381万人，位居世界第一；科技投入规模也持续提高，2017年全社会研究开发总支出为1.76万亿元，占GDP的2.15%，位居世界第二。科技投入的增加使我国科研基础条件从量变到质变，形成了包括国家重点实验室、大型科学仪器、行业技术平台、企业研发中心等完整的科研基础条件。大批世人瞩目的大型科学工程，如最大单口径射电望远镜（FAST）、中微子实验室等相继投入使用，构筑了我国科技发展的新基础。科技创新能力也实现了大幅度的跨越。2000—2017年年底，我国国际科学论文总量从世界第8位提升到第2位，论文被引量从第19位上升到第2位，发明专利申请量和授权量则位居世界第1位，有效发明专利保有量居世界第3位，基础研究取得了大批重大原创成果，并首次荣获诺贝尔生理学或医学奖等国际权威奖项。一些战略技术领域如载人航天、采用自主研发芯片的超算系统、国产大飞机等也逐步取得举世瞩目的成就。借助科技创新，中国越来越多的产业领域取得突破，并涌现出一大批能运用前沿技术并引领产品创新的企业，如华为、海尔、中车、腾讯等世界500强企业，正成为下一轮经济周期中的重要增长动力。

(二) 传统要素的生产效率有待提升

GDP 核算与经济增长在经济学中是两个概念，GDP 核算并不能揭示经济增长的来源。新古典增长理论认为资本和劳动投入与技术进步才是经济增长的决定因素，因此要衡量产业对经济增长的贡献，需要通过计算资本或劳动力的投入对 GDP 的拉动作用，结合其在总资本或劳动力投入中的比重来测算。如图 4.2 表示 1978—2015 年中国房地产业增加值及其占 GDP 总值比重。

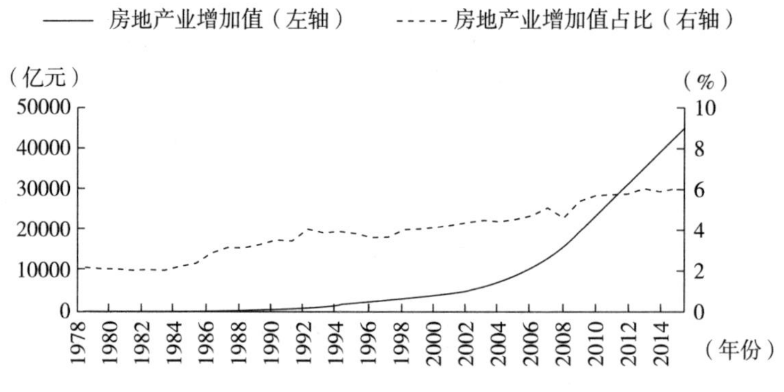

图 4.2　1978—2015 年中国房地产业增加值及其占 GDP 总值比重

在依据新古典增长理论进行经济增长和全要素生产率增长率核算时，首先需要确定资本和劳动收入份额、折旧率和资本存量等因素，其次可由规模报酬不变等假定条件下希克斯中性的索洛模型对资本和劳动投入与技术进步三部分的增长贡献进行核算。暂不测算TFP（全要素生产率）进步率，只要确定了资本存量、劳动和资本收入份额，就可以测算出资本投入对GDP增长的贡献，如再知道某一行业的实际投资，就可以计量该行业对GDP的拉动作用。根据永续盘存法估算实际固定资本存量，估算以1952年为基期，1990—2015年中国实际资本存量变化情况如图4.3所示。

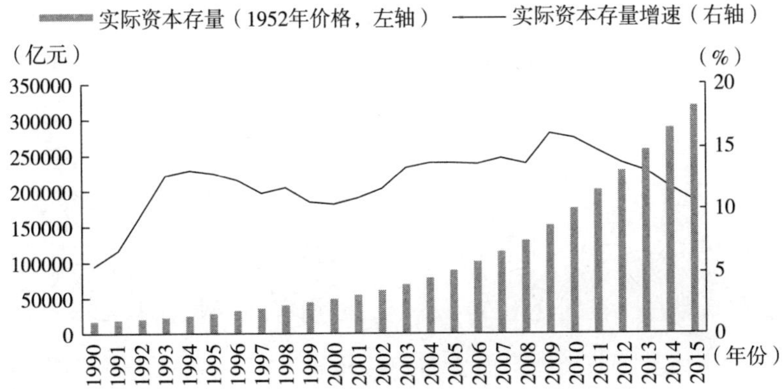

图4.3 1990—2015年中国实际资本存量变化情况

资料来源：《中国国内生产总值核算历史资料（1952—1995）》、国家统计局。

按照希克斯中性的索洛方程，资本投入对GDP增长的贡献可以由实际资本存量增速乘以资本收入份额得出，还可由某一行业投资额对实际资本存量增加的贡献来考察该行业通过资本投入对GDP增长的贡献。陈宇峰等（2013）发现，2004—2007年中国“要素法收入份额”调整前后的劳动收入份额的变化趋势基本一致（见图4.4）。

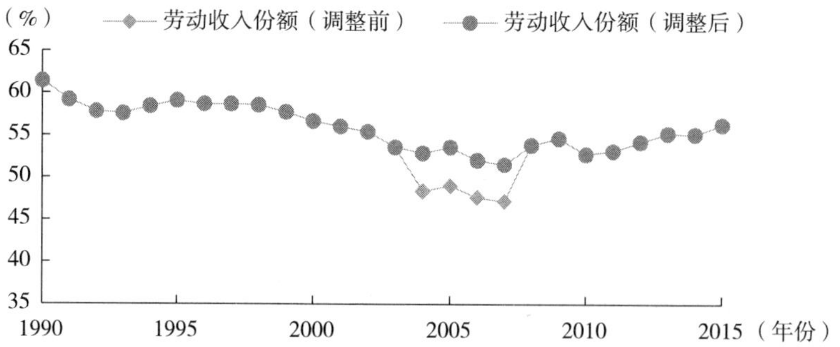

图 4.4　1990—2015 年中国劳动收入份额

资料来源：《中国国内生产总值核算历史资料（1952—1995）》《中国国内生产总值核算历史资料（1952—2004）》、中国历年统计年鉴、全国各省市统计年鉴。

中国经济增长一直存在投资拉动的情况，其中传统工业和房地产业的投资对 GDP 增长的贡献明显。1995 年以来资本投入对 GDP 增长的贡献占比长期处于 50%以上。采用房地产业本年实际完成的投资额（按某行业全社会固定资产投资额在全社会固定资产投资总额中占比）作为其对资本增速的贡献占比，可测算出 1990—2015 年资本投入，以及 2003—2015 年房地产投资和传统工业分别对 GDP 增速的贡献所占比重（见图 4.5 和图 4.6），传统工业和房地产业投资对 GDP 增长的贡献占比处于 40%～50%，在 2008 年金融危机时政府紧急启动大规模刺激政策，之后贡献率进一步攀升，可见其作为国民经济发展的主要驱动产业名副其实。而房地产投资对 GDP 增长贡献长期处于 15%以上，2012 年达到峰值 20.99%，可见房地产对上下游进而对整个产业链都有辐射带动作用，虽然其自身创造的增加值在 GDP 中占比不突出，但通过大量资本投入对 GDP 的增长起到重要推动作用。

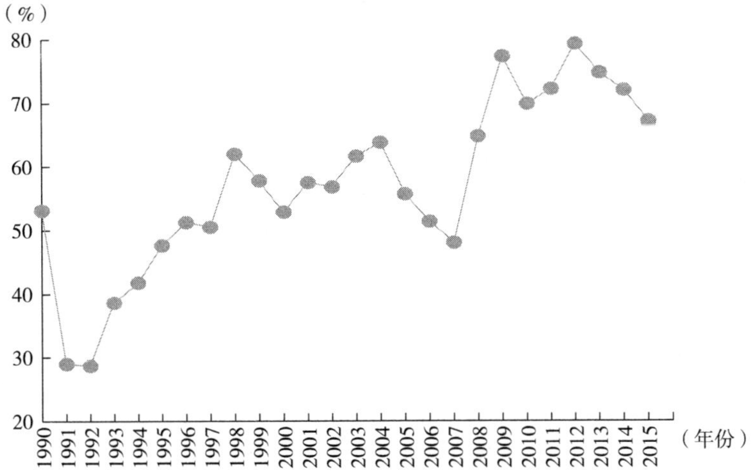

图 4.5　1990—2015 年资本投入对 GDP 增长贡献率

资料来源：《中国国内生产总值核算历史资料（1952—1995）》《中国国内生产总值核算历史资料（1952—2004）》、中国历年统计年鉴、全国各省市统计年鉴。

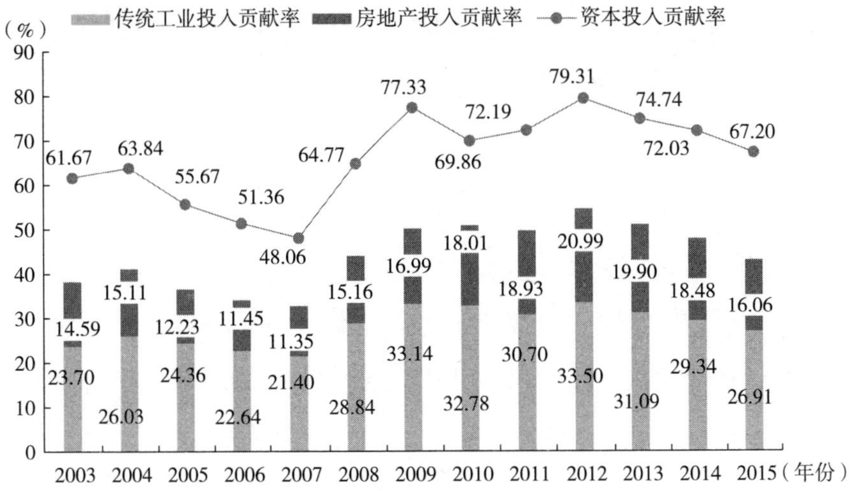

图 4.6　2003—2015 年房地产投资和传统工业对 GDP 增长贡献率

资料来源：《中国国内生产总值核算历史资料（1952—1995）》《中国国内生产总值核算历史资料（1952—2004）》、中国历年统计年鉴、全国各省市统计年鉴。

2009 年以后，房地产投资对 GDP 的增长贡献率显著跃升，但是根据资本投入的产出比即资本回报率的数据，出自 2007 年之后资本投入的回报率从 23.17% 开始持续大幅下降，最低点 2014 年只有 14%（见图 4.7）。

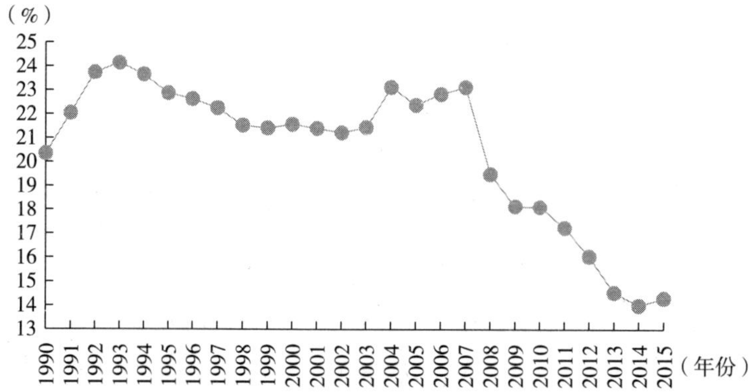

图 4.7　中国资本回报率

资料来源：《中国国内生产总值核算历史资料（1952—1995）》、中国历年统计年鉴。

这一系列数据分析表明，1999—2007 年，由于传统工业与房地产投资对 GDP 增长的贡献率和总资本回报率都非常显著，所以可以认为传统工业与房地产是这一时期对 GDP 增长的主要推动产业。而 2008 年金融危机之后，传统工业与房地产资本投资对 GDP 增长的贡献率显著上升，而总资本回报率大幅下降，这表明房地产驱动 GDP 增长到了临界点，未来的驱动力必然会发生转变。

二、新实体：拥抱前沿科技

新实体经济是面向未来并与先进科学技术结合的新业态，运行新科技成果对传统产业进行改造和提升，有利于降低生产和交易成本，提升传统产业的生产效率和产品质量。一些最新重大科技成果的应用，对新实体经济的发展具有积极的推动作用。

（一）“互联网+”：赋能与去中心化

2015年3月，李克强总理在政府工作报告中首次提出“互联网+”行动计划，提出将移动互联网、大数据和云计算等与现代制造业相结合，促进电子商务、工业互联网和互联网金融等健康发展。互联网与传统行业的融合上升到国家战略高度，表明互联网可以为中国制造走向数字化、网络化和智能化提供平台支撑，从而提升实体经济的创新力，提高生产与交易效率，增进社会福利。

互联网对实体经济的助推，集中表现在它的脱媒赋能和去中心化的功能上，即通过将企业与企业、企业与市场和消费者之间的联系数字化，使企业能够从上游研发生产到下游分销后，全面减少和改进不必要、重复低效的中间环节，从而降低交易成本，提高资源配置效率，最终提升生产效益和消费者体验。

中国互联网发展的新阶段是移动互联网，由智能移动设备的高普及率为代表的移动互联网对传统实体经济的影响更为巨大。得益于智能手机的出现，互联网终端开始多样化发展，网民数量及活跃量呈现爆炸式增长。云计算技术的运用又使网络产生的信息（数据）

得以存储和利用，因此进入“大数据社会”。

互联网对新业态形成的促进作用有以下几个方面。（1）基于大数据分析和大规模协同得以实现。通过对大数据的实时处理与分析，可以获得对市场更精准的预测能力，从而根据这一预测进行前瞻性的研发；通过“众包”平台广泛收集客户等外部人员的创意，大大减少不适应市场需求的低效研发，减少企业研发成本，提高研发效益。（2）减少信息传递环节，企业与消费者能直接互动。企业获得更敏锐的市场感知能力，提高物流供应能力，还可以让消费者参与产品功能和质量的改进，获得新型营销竞争手段。如可以在传统制造业汽车、家电、手机等工业产品中增加网络软硬件模块，实现用户远程操控、数据自动采集分析、社交互动等功能，极大地改善工业品的使用体验。（3）真正出现电子化数字化企业。上下游企业间、企业与雇员间联系数字化使企业资源整合能力、资源配置效率得到显著提升。通过电子商务、“线上+线下”等方式提供的更大范围的市场、更高效的分销渠道和更高品质的售后服务，可以加快传统制造厂商的产品价值，实现速度和资本等要素的周转速度。

卡洛塔·佩蕾丝（Carlota Perez，2007）认为，每一次重大技术革命都会形成与之相适应的技术——经济范式，这一过程会经历新兴产业兴起、新技术基础设施的广泛安装准备，以及各行业技术应用的发展和收获阶段。如图 4.8 所示，中国互联网普及率在 2015 年前后达到 50%，移动互联网普及率也于 2016 年过半，这表明在中国互联网技术的基础设施安装准备已经达到顶峰，众多经济体需要抓紧时机完成“互联网+”改造升级，充分享受该技术带来的增长红利。

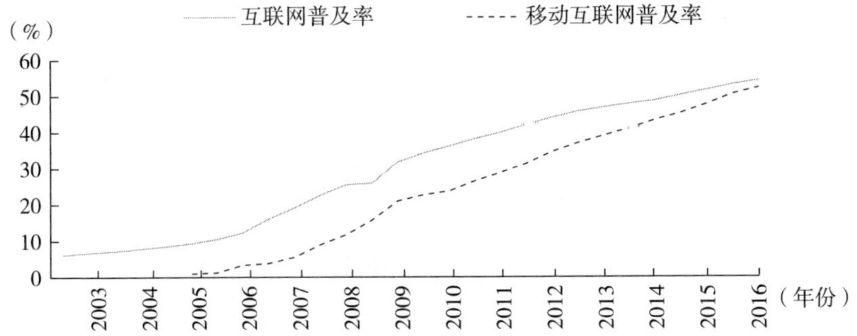

图 4.8 互联网及移动互联网普及率

在“互联网+”与传统实体行业广泛深度融合的浪潮中，要警惕两个方面的风险。

一是随着互联网技术的广泛应用，收敛效应会逐步产生。一项创新产品，必将经过创新、泛化蔓延、应用拓展，再到该产品生命周期完结等过程。20 世纪 90 年代以来，汽车和电子计算机等产业从创新国转移到模仿国，从而带动了世界经济的回升。中国在以互联网为核心的科技成果推动的新一轮经济长波中已有约 20 年的历史，在 20 世纪 90 年代末美国互联网泡沫破灭时，网民普及率正处于 40%～50%的过程中，这意味着互联网的红利不可能无限延续，可能逐渐进入消退期。

二是传统制造业核心技术的缺失，并不因互联网的应用而得到本质改善，工艺和材料等“硬科技”仍然严重制约着中国实体经济的升级。互联网对实体经济的作用主要通过减少信息流通成本、增进信息交流整合，从而提高资源配置效率，降低生产和交易成本。这对传统制造业起到辅助提升的作用，并没有改变厂商的核心竞争力。当前我国实体经济的企业竞争力不强的主要原因在于核心技术的稀缺。装备制造业一般配套件的产能非常充足，但传动部件、控制元件、发动机等高技术含量、高附加值的核心零部件主要还依赖进口，众多核心部件的生产技术依然掌握在国外厂商手中。不解决硬科技问题，仅依靠互联网并不能带来实体经济的质的变化。

（二）“大物移云”：开放智能制造

超越互联网的下一个时代就是“大物移云”时代，即大数据、物联网、移动互联网、云计算。这些技术给了每个人更自由地获取和创造信息的能力；每个机构、每个企业可以更广泛地寻找资源，寻找合作；社会中人和人之间、企业和企业之间、公民和政府之间形成一种新的治理结构关系，为社会创造了更多信息方面的资源和财富。

“大物移云”所代表的电子信息产业，会成为中国未来第一大产业。放眼未来20~30年，新一代的信息技术和互联网还会更快发展，会推动传统产业的转型升级，成为中国经济未来发展的重要战略方向。2015年中国信息产业产值约为16万亿元，其中通信业务约1.5万亿元，电子信息制造10万亿元，软件4万亿元，互联网6000亿元左右。到2020年中国期望找到新一代的半导体制造技术，集成设计，并跟国际先进水平同步，且新型元器件和国际先进仪器能满足国内使用，形成竞争力；还期望形成有创新能力的软件和信息服务业，有自己自主的操作系统或者工具软件，并且信息服务业能进入国际前列，引领国际的服务模式，还能够对城乡和社会各群体全面覆盖，信息化水平也能接近国际先进水平。

“大物移云”是加快实施制造业转型升级，实现智能制造的抓手。实施制造强国战略和智能制造引领战略，必须加强统筹规划和前瞻性部署，只有这样才能真正打造出中国驶向工业强国的超级引擎。以“大物移云”为主，建设大量的“智能工厂”和“智能生产”，对工业的影响非常大。如何加快各项技术成果向应用转化，加快智能化基础设施建设，实现“两化”深度融合，培育智能引领的核心关键技术，通过开源众智平台推动大众创业，提升制造业的综合效能，是工业 4.0 阶段的真正任务。工业机器人是智能制造的重要基石，国产机器人企业在关键零部件等核心技术领域对外依存度高，自主创新能力不强，这严重制约了我国智能制造的发展。根据 IFR（国际机器人联合会）的数据，目前中国一般工业的机器人渗透率仍然很低，每万名工人中仅有 17 个机器人，数量远远低于韩国和日本。各界非常看好中国一般工业生产自动化、智能化的市场潜力，并认为机器人行业的发展将会为中国高端智能制造业带来新的机遇。在未来，智能机器、增强现实、虚拟现实等技术将为智能工业、智能制造开辟更大的空间。

中国智能制造的方向，一是要重新思考与信息化技术的融合，真正与“大物移云”技术结合起来。制造业企业的转型升级涉及机器换人、自动化生产线、工人专业技能的提升、管理水平的提高、企业高层的远见和智能决策等，并不是实施一套软件或信息化就能见效的，需要打通制造企业的 ERP（企业资源计划）、SCM（供应链管理）、设计、OA（办公自动化）、CRM（客户关系管理）和 MES（制造企业生产过程执行管理系统）等系统。制造企业的机器、机床、设备、刀具等，都需要通过传感器、适配器、PLC（可编程逻辑控制器）、通信协议连接到物联网平台，洞察产品制造执行过程中的缺陷、问题、关联、关系，实现对设备的预防性维护、能耗分析、加工参数优化等，或者通过智能机器人生产线接受控制指令。在汇总了设备、生产、运营、管理各类大数据之后，在企业云平台和移动终端上，可以进行机器学习，找出数据之间的联系，通过对时间、质量、成本、效率的关联分析，以及生产分析、物料分析、仓储分析、销售分析等，了解产品合格率、设备利用率，实现全局调度优化。

二是要从封闭走向开放体系，以网络化协同实现制造资源全局优化。企业不但要自己实现制造端的数字化、智能化改造，还要与云端连接，实现跨区域、跨企业、跨行业的联合设计、联合研发，将传统顺序、独立、碎片化的研发工作在时间、空间上交叉重组，整合多方设计资源，将研发流程从串行向并行演进，进一步地将业务的合作从单环节协同向全供应链协同演进，从传统长期固定合作向随机合作演进，实现从产业链级协同向生态平台演进。

三是要提升业务模式和管理的智能化。智能化是最强的商业模式，从规模化生产到定制化生产，打造柔性化制造生产范式，以去中心化、流程化的业务管理模式，实现小规模、多频次、智能化的分布式制造，灵活配置、按需组合、互相联结，实现社会化协作，将是未来制造业的发展方向。企业管理者的远见和洞察力也可以借助智能系统得到提升。比如，企业通过大数据分析，可以基于售价、服务水平、库存、总成本、采购、物流、生产周期等约束和目标，推算出利润和成本模型，实现基于供应商协作的主生产计划优化和各类预测，提供预测和运营优化辅助决策，实现利润、营收、成本、服务的价值最大化，真正将数据变为智慧。

（三）人工智能：探索超级智慧

人工智能是一种长期存在于实验室的技术，1955 年斯坦福大学的约翰·麦卡锡（John McCarthy）教授首次提出这一概念。在 2016 年，以 AlphaGo（阿尔法围棋）战胜李世石为引爆点，社会各界开始意识到人工智能技术日渐成熟，应用潜力不可限量，智能时代也将随之到来。高德纳咨询公司（Gartner Group）发布的 2017 年新兴技术成熟度曲线（见图 4.9）显示，人工智能将在十年内成为最具颠覆性的科技，预计 2017 年全球将有超过 60%的大企业开始应用人工智能技术。报告列出的最应关注的人工智能领域科技包括深度学习（Deep Learning）、深度强化学习（Deep Reinforce Learning）、通用人工智能（Artificial General Intelligence）、自动驾驶汽车（Autonomous Vehicles）、认知计算（Cognitive Computing）、商用无人机（Commercial UAVs）、会话式用户界面（Conversational User Interface）、企业分类及自然管理（Enterprise Taxonomy and Ontology Management）、机器学习（Machine Learning）。

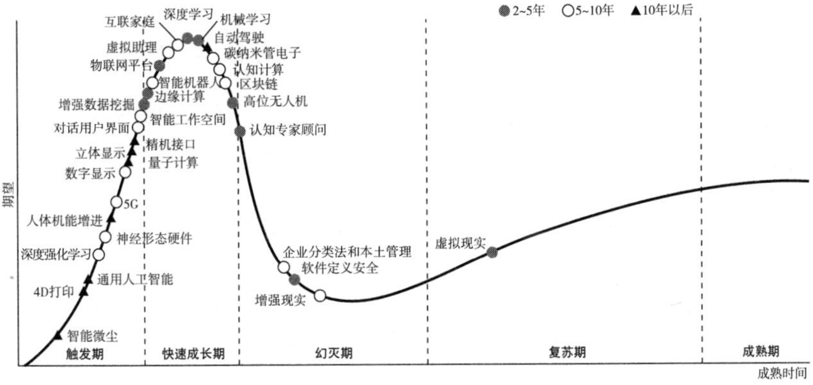

图 4.9　2017 年新兴技术成熟度曲线

资料来源：高德纳咨询公司。

谷歌（Google）、亚马逊（Amazon）、百度等大型公司已经在认知科技和人工智能领域深耕多年，相关应用也已经取得实质性突破。斯坦福大学研究认为，未来几年将是人工智能应用大力普及的重要时期。届时，人工智能将开始在医疗、制造业、交通、能源、金融等众多领域得到应用，会大大促进这些行业的发展水平，并能够为用户提供更为优质的服务。

人工智能有不同的定义。从学术层面看，人工智能是研究如何建造智能机器或系统模拟、延伸和拓展人类智能的科学；从实用层面看，人工智能是研究如何应用机器来实现目前需要借助人类智能才能完成的任务。随着对人类思维和行为的模拟实现程度的发展，人工智能大致将要经历弱人工智能、强人工智能和超人工智能这三个阶段（见图 4. 10）。当前阶段仍处于弱人工智能阶段，能够实现图像识别、简单人机交互、语言识别和智能搜索等功能。海量大数据和强大的计算能力是该阶段人工智能的基础，如果将人工智能比作“大脑”，人工智能算法就是其运转方式，而这种更精确的算法需要依赖更强大的计算能力才能实现，大数据则是人工智能算法的“知识库”。数据越多，算法模型越稳定，结果越精确。互联网、移动互联网甚至物联网快速发展，产生的大数据为算法事前的学习训练提供了充足样本，使人工智能算法得以突破瓶颈，开始获得超越人类某一方面的能力，逐步进入强人工智能及后续阶段。

人工智能的主要算法包括搜索技术、机器学习、自然语言理解和推理技术等，其中最重要、应用最广的是众所周知的机器学习。深度学习也被称为神经网络算法，是机器学习的一个重要分支，而深度学习本身就有多种实现方式，如卷积神经网络、受限玻尔兹曼

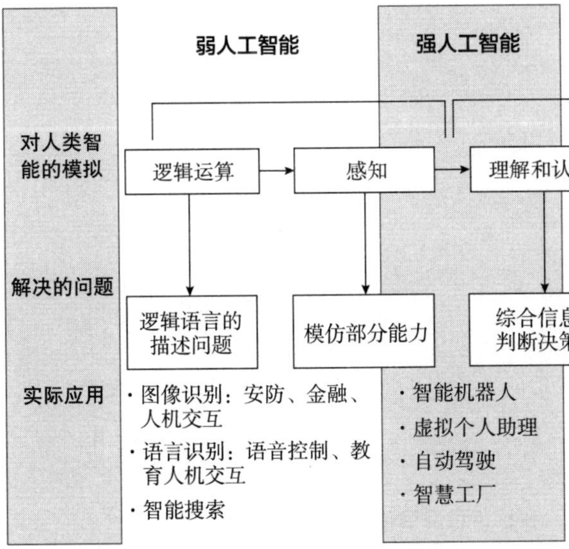

图 4.10　人工智能的发展阶段

机等。图 4.11 直观展示了传统神经网络和深度神经网络的对比，通过该图可以看出传统神经网络只是通过将要解决的任务、问题进行量化、建模，通过神经节点之间的连接来优化输入函数，之后得出最终的输出函数。而深度神经网络则在传统神经网络基础上增加了更多的隐层，考虑更多神经节点之间的相互作用，使最终的输出结果更为精确。在 2015 年的 ImageNet 计算机视觉识别挑战赛中，微软（Microsoft）使用了 152 层神经网络算法，这比以往使用的神经网络层数多 5 倍以上，这种算法让微软在照片和视频物体识别技术方面实现了重大突破，因此在这个挑战赛中微软夺得冠军。未来，更多层的神经网络算法对数据样本的容量提出的要求会更高，这表明人工智能的突破必须建立在大数据基础之上。

人工智能另一个重要的基础条件是计算能力。算力不足将难以

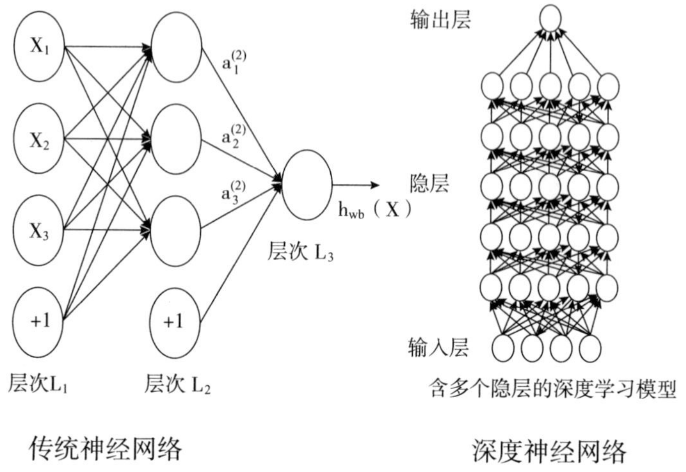

图 4.11　传统神经网络与深度神经网络的对比

解决任何实际问题，它还曾导致人工智能发展在 1972 年左右步入第一次低潮。半个世纪以来，芯片的性能不断提升，并在传统以串行处理为主的 CPU（中央处理器）基础上发展了适用于进行并行计算的 GPU（图形处理器）。GPU 的并行计算能力使机器可以同时处理人工智能算法所需十亿量级以上的大量数据，大大缩短了深度学习的训练周期。此外，云计算的发展使计算能力变成可流通的商品，在计算能力总量不变的情况下，通过优化资源配置的方式降低人工智能的计算成本，有利于加速人工智能产业的发展进程。

当前人工智能还远未达到科幻场景中拥有自主意识的超人工智能阶段，但一些核心技术的突破已经可以实现很多商业价值，特别是在语音和图像识别领域，识别语音中包含的文字信息可以实现更便捷的人机交互。2017 年百度的深度学习系统对无上下文的短语的识别和中英文语音识别的正确率已达到 96.3%，超过了人类的 96%，中文语音识别更是全球第一。图像识别方面，指纹识别、车牌识别都已大规模应用，最重要的人脸识别通过深度神经网络分层次识别人脸的不同特征，也已经达到商用化。语言理解与语音识别不同，语言理解是让机器能够理解人类的语言，这是下一步人机交互及许多人工智能的应用基础。

人工智能可以作为新一轮科技革命的主要推动力，主要是因为它能与各行各业相结合，全面改造提升产业效率，使传统行业焕发新的增长潜力。如人工智能与汽车产业的融合体现在无人驾驶技术的发展上，这一发展大致经历了从纯人工驾驶到电脑控制多项驾驶操作，再到最后实现完全无人驾驶等几个阶段。目前关于完全无人驾驶技术的开发竞争正如火如荼，谷歌已能通过预先绘制好的高精度地图来辅助激光雷达和导航软件实现单个城市的无人驾驶，另一种实现方法是通过图像识别技术来分析交通路况达到无人驾驶。可以设想无人驾驶技术对劳动力的解放和对生命保护的巨大价值潜力，无人驾驶将成为汽车产业未来新的增长点，抢占无人驾驶技术制高点有助于中国的汽车和互联网企业突破目前欧美日主导的局面。

人工智能在工业制造方面的应用包括智能虚拟设计、产业机器人和图像识别检测等。以工业产品生产过程为例，一项新产品的面世需要经历开发设计、生产准备和加工、原料和外购件采购，以及管理销售这四个环节（见图 4.12），其中开发设计直接决定了该产品的质量和功能是否能够满足市场需求，而且由于设计方案反复修改，所耗费成本较大。智能虚拟设计可以将设计过程虚拟化，近七成的错误设计不必进行现实生产就可以被发现、规避和解决，从而提升设计效率并降低设计成本，这将有助于工业企业提升产品竞争力。产业机器人的发展可以提高生产自动化、智能化。以宝马生产车间为例，车间内由机器人进行自动焊接，一方面可替代高危性的高薪技术工人，大大减少劳动雇佣成本；另一方面可以实现多车并线生产，提高生产效率。图像识别检测则可以缩短检查和维护时间，将机器视觉人工智能技术应用于该检测可以让设备自行检查，缩短检测时间，降低维护成本。通过上述的应用，传统制造业企业不仅可以显著节约成本、改善效益，更重要的是可以把控和提升产品质量，甚至对开发设计也能有很大的提升。

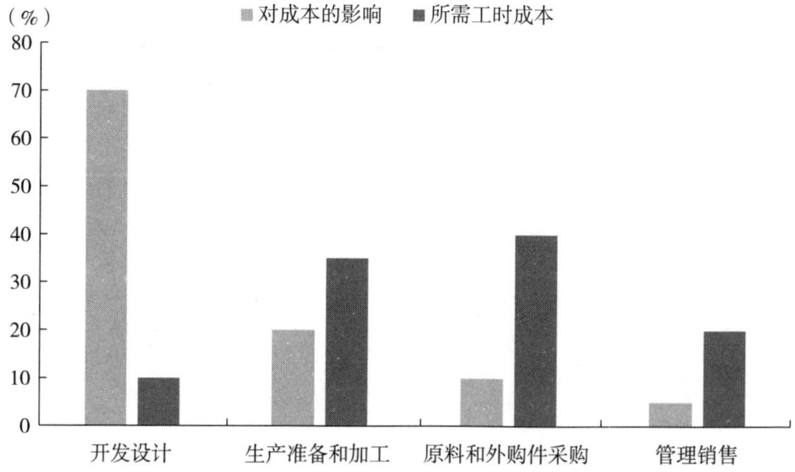

图 4.12　工业企业开发设计环节对总成本的影响

人工智能正在为传统制造业带来新的生机。近年来，各大制造企业为了重塑自身在制造业的国际竞争优势，在各层面高度重视智能制造，并相应启动了一系列针对基于模型的企业、网络物理系统、工业机器人、先进测量与分析、智能制造系统集成等智能制造关键要素的计划和项目，以对“人工智能+制造”的新竞争力形成进行系统支持。大数据、物联网和人工智能技术可以协助企业分析生产过程中的整个流程，实现生产效率、库存周转率、设备使用效率提升等目标。在市场销售层面，基于海量交易数据的计算和分析，可以帮助企业制订自动化、智能化的生产计划；在生产制造层面，可以通过对产品数据、生产设备数据的收集、分析，实现智能化诊断产品良品率、远程检测设备寿命等；在产品流通层面，大量传感器所采集的流通数据可以让企业的生产决策、市场计划实现自动化、智能化。比如，全球工业巨头GE（通用电器）公司近年来在“人工智能+制造”领域进行了系统布局。2011年，GE在硅谷建立了全球软件研发中心，启动了工业互联网的开发，包括平台、应用以及数据分析，并在2013年宣布将在接下来的三年投入15亿美元开发工业互联网。另一家著名跨国工业公司西门子（SIMENS）通过打造精密的“数字化双胞胎模型”以及Teamcenter（产品生命周期管理系统软件）协作平台，实现了自身的智能化转型。中国海尔集团已建成八大互联工厂，建立了以用户为中心的智能生态圈，通过海尔智能制造解决方案COSMO平台，使用户的个性化定制需求得以满足，并且平台的这种无缝对接也完成了虚拟设计和实体制造的全面融合。

人工智能还可以广泛应用在医疗健康领域，目前集中在药物挖掘、医学影像和医学诊疗三个方面。深度学习可以提高药物筛选效率，也可以快速找到临床试验所匹配的病患，图像识别技术可以帮助医师更准确高效地分析医学影像。这对人类“大健康”时代的医疗健康管理具有重要正面效应。此外，人工智能还广泛应用于金融、安防、教育、家居、农业等方面，对提升城市、金融安全，改进教育资源，提高教学效率，改善生活，全面改进农业生产效率和质量等，都将产生革命性的推动作用。人工智能时代的临近势必带来传统部门的剧烈变革，催发新实体经济的又一轮蓬勃发展。

（四）生物技术：改变明日世界

生物技术为解决人类面临的食品短缺、疾病防治、人口膨胀、环境污染、能源匮乏等一系列问题带来了希望，如今以基因工程为代表的一大批生物技术成果进入了人类的生产和生活，特别是在医药和农业生产上发挥了极大的作用。

生物科技（Biotechnology）是指“用活的生物体（或生物体的物质）来改进产品、改良植物和动物，或为特殊用途而培养微生物的技术”。生物工程则是生物技术的统称，是指运用生物化学、分子生物学、微生物学、遗传学等原理与生化工程相结合，改造或重新创造设计细胞的遗传物质、培育出新品种，以工业规模利用现有生物体系，以生物化学过程来制造工业产品。其中，基因工程是现代生物工程的核心，随着越来越多的生物基因组测序的完成和干细胞的研究进展，人类对生命世界的认识发生了质的变化，科学家已经把目光从对单个基因功能的认识转向了对基因网络的认识。有60%以上的生物技术成果集中应用于医药产业，农业创新和信息技术是另外两个热门领域。

生物制药就是把生物工程技术应用到药物制造领域的过程，其中最重要的是基因工程方法。即利用克隆技术和组织培养技术，对DNA（脱氧核糖核酸）进行切割、插入、连接和重组，从而获得生物医药制品。人类已研制开发并进入临床应用阶段的生物药品，根据其用途不同可分为三大类：基因工程药物、生物疫苗和生物诊断试剂。这些产品在诊断、预防、控制乃至消灭传染病，保护人类健康方面，发挥着越来越重要的作用。自1982年重组人胰岛素上市以来，世界范围的生物技术产业正在蓬勃兴起，被认为是“对全社会最为重要并可能改变未来工业和经济格局的技术”。基因技术的发展速度极其迅猛，从人类基因测序技术的价格上就能窥探一二。2001年基因测序的价格高达1亿美元，如今仅为1000美元左右。基因技术迅速革新，引发了生物技术领域的革命。从基因层面去改变我们的生活，已经成为生物技术的一个主要研究方向。1975年诺贝尔生理学或医学奖得主大卫·巴尔的摩（David Baltimore）表示，近些年来，科学家已能绘制人类基因组，众多动植物包括细菌的基因组绘制工作也陆续完成，“随着一幅幅基因图谱的展开，越来越多的谜团开始浮出水面”。而基因疗法作为一种非常强大的医疗手段，可以攻克人类重大疾病，特别是遗传缺陷造成的众多疾病，目前已经治愈了很多罹患遗传疾病的儿童。“这种方法取得了令人惊讶的结果，”他说，“基于基因的治疗手段，将会像信息技术一样改变世界。”

生物技术在农业中的应用，是基于对植物、动物基因学和蛋白质学的认识。很多专家认为只有依靠生物技术，发展中国家才能战胜饥饿，全球因人口增长而产生的食品短缺才有望缓解。通过利用动植物中的特定基因，可以用更少的土地种植更多的农作物，同时减少农药的使用。利用生物技术，可以在恶劣的气候环境下生产农作物，还可以改善食品的营养和口感等。比如，将生物技术用于育种会是一种快捷、有效的方法。此种方法是通过引入特定的基因来改变动植物的品质。例如，科学家在西红柿中植入抗成熟的基因，可以延长西红柿的货架期；在植物中引入对人体无害的抗虫基因，可以防止病虫害，减少农药的使用；在水稻中介入产生维生素A的基因，可以提高稻米的营养价值。

以基因工程技术为代表的农业科技创新，对应对粮食安全挑战和可持续管理资源来说至关重要。2004 年世界粮食奖得主袁隆平表示："有些人对杂交稻有片面的看法，认为杂交稻高产却不优质，吃起来不香。"但杂交水稻也可以做到既高产又优质。"现在生活水平提高了，人民已经不满足于吃饱，还要吃好。我们也改变了战略，既要高产，又要优质。我们已经培育出的杂交水稻新品种大米'超优千号'的品质可以与市场上 80 元一斤的日本米媲美。日本商人更是专门对'超优千号'进行取样检测，说这种大米有弹性、有嚼头，口感很好。"袁隆平还挑战了"海水稻"的种植，2017 年在青岛种植的"海水稻"实验成功，袁隆平团队期望未来能够用更咸、更碱性的水灌溉。如果成功，就可以将海边不长植物的盐碱滩利用起来，中国可增加一个湖南省的水稻产量。

在现代生物技术发展过程中，高性能的计算机发挥了巨大的推动作用。由赛莱拉基因研究公司（Celera Corporation）、英国桑格中心（Sanger Centre）、美国怀特海德研究院（Whitehead Institute）、美国国立卫生研究院（USA National Institutes of Health）和中国科学院遗传所人类基因组中心联合绘制和发布的人类基因组草图显示，正是高性能计算技术使这一切成为可能。在激烈的基因解码竞赛背后隐含的是一场超级计算能力的竞赛，如今，人们越来越清醒地认识到，超级计算机在创造新品种的药物、治愈疾病，以及修复人类基因缺陷等方面是至关重要的，高性能计算可以为人类做出更大的贡献。信息技术还有助于加强生物技术领域的各种数据库管理、信息传递、检索和资源共享等。另一个在生物技术领域引起关注的硬件是基因芯片，它的研制也非常依赖信息技术。

同时，生物技术也在推动超级计算机产业的发展。随着人类基因组计划各项任务的完成，有关核酸、蛋白质的序列和结构数据呈指数级增长。面对如此巨大而复杂的数据，只有运用计算机进行数据管理、控制误差、加速分析过程，人类才能够从中受益。然而要完成这些过程，一般的计算机力所不能及，需要具有超级计算能力的计算机。因此，生物技术的发展将对信息技术提出更高的需求，从而推动信息产业的发展。比较有说服力的例子是，在2001年11月22日出版的《自然》（*Nature*）杂志上，以色列科学家宣布研制出一种由DNA分子和酶分子构成的微型生物计算机，一万亿个这样的计算机仅有一滴水那样大，运算速度达到每秒10亿次，准确率为99.8%。当然像所有的新技术一样，有的科学家表示怀疑，因为生化反应本身存在一定的随机性，这种运算的结果可能不完全精确，这有赖于科技界的进一步研究攻关。

（五）认知科技："奇点"会来吗

科技界对认知科技的兴趣在持续升温。我们正处于真实世界长达数十年的转变之中——从人工智能科学领域转向一系列认知技术应用——科技的创新和企业的发展，已经让更多的人接触到了认知技术。预计2030—2049年，人类会迎来一个计算机所具备的人工智能超过人脑的时刻——学术界称为"奇点"会到来。

"认知科学"一词于1973年由朗盖特·希金斯（Longuet Higgins）开始使用，是研究人类感知和思维信息处理过程的科学，包括从感觉的输入到复杂问题求解，从人类个体到人类社会的智能活动，以及人类智能和机器智能的性质。1975年，斯隆基金会

(Alfred P. Sloan Foundation) 开始对认知科学的跨学科研究计划给予支持，它们的支持一直持续至今，将哲学、心理学、语言学、人类学、计算机科学和神经科学这六大学科整合在一起，产生了认知科学这一新兴学科，并对这门新学科的制度化起到了重要的作用。当前来看，人工智能、认知心理学和心理语言学是认知科学的核心学科。

认知科技已经不是一个遥远的概念，在一些大型工厂中，人工智能以及机器人的应用带来的用工结构性变化已开始出现。可以预见的是，不用很久，这种影响有可能从个别厂区扩散至部分区域，并对中国部分地区的经济、社会结构带来明显的改变。这场革命很有可能超越互联网，成为新实体经济的最大动力。未来的智能机器会把人类从重复性劳动和无意义思维中解放出来，实际上增加了利用人类理性的机遇——只有“万物之灵”的人类充满想象力和创造力，成功挖掘认知科技的潜力，才会拥抱更精彩的未来。尽管现在人工智能的发展还非常粗浅，但是用不了多久，人工智能就会推动整个工业领域，推动制造业、服务业、金融业进入一个新的时代。

新一轮科技革命的曙光中，掌握技术突破的制高点是中国实现弯道超车的重要机遇，也是中国新实体经济找到持续发展动能的关键。目前国际巨头在认知科技和人工智能技术上还没有形成垄断，我国人工智能研究与美国相比还有一定差距，但是已然跻身第一梯队。在顶层设计上，中美两国政府都将人工智能作为未来经济发展的主导战略，并出台相应的规划进行了具体的部署。但在应用层面上，美国已经开始将人工智能装备到军事领域，未来中国需要进一步设计促进人工智能应用的开放度。在基础研究层面，美国也一直保持前沿领先地位，中国需要加强基础算法和理论研究的投入以及人才的引进。从产业发展情况来看，美国的人工智能企业在各个领域几乎全面开花，尤其是在算法、芯片和数据等产业基础核心领域拥有技术创新的优势。中国的企业则寥寥无几，只在自然语言处理、图像识别等技术层和语音识别、无人机、机器人等应用层方面有局部突破，且能够媲美美国。此外，美国产业人才总量是中国的两倍，基础层人才数量为 13.8 倍，这需要中国加强人工智能的基础教育。

认知科技除了给制造业务带来变革之外，其另一潜在的广泛应用是商业分析和智能运营。比如，近期商业领域结合人工智能所产生的一些事情非常有意思：领英（LinkedIn）数据显示，谷歌的 4.75 万名职工里，有 1200 人来自全球排名前十的投行，以及至少有 750 名苹果公司的员工来自投行行业。年薪 35 万美元的金融分析师需要花费 40 个小时分析的数据，肯硕（Kensho）金融科技服务公司开发的程序只需一分钟就可完成。摩根大通银行（JPMorgan Chase & Co）总部利用人工智能开发了一款金融合同解析软件，能在分秒之间完成原先大量律师和贷款人员每年需要 36 万小时才能完成的工作，在错误率大大降低的同时，还从不需要放假。各大投行对大数据分析的接纳也与日俱增，2000 年高盛集团（Goldman Sachs）在纽约总部的美国现金股票交易柜台雇用了 600 名交易员，如今，这里只剩下两名交易员“留守空房”。2009 年，瑞银集团（Union Bank of Switzerland）的交易员坐满了有 5 个足球场大小的办公室，现在也只剩下了能坐半个篮球场的人员。“智能投顾”在 Fintech（金融科技）领域盛行，全球市场已经有一些对冲基金开始对各种数据进行分析，系统自主做出市场预测，以“投票”的方式选出最佳行动步骤，甚至可以达到所有的股票交易都由机器完成，不再有人工干预。科尔尼管理咨询公司（A. T. Kearney）预测，美国智能投顾行业的资产管理规模在2020年将达到2.2万亿美元。

认知时代和“奇点”来临之际，所有的产业都会被软件或“黑科技”颠覆，我们看到的互联网各类现存机会、传统工业等都会被越来越多的新型实体替代。在进入认知时代的同时，一个智能化、网络化的社会也在形成，互联网和智能技术的发展不仅提供了一个通信或者信息平台，也给我们提供了一个改变生产和服务的工具，同时也构造着新的消费者和企业关系的维度，对社会组织形态产生了深远的影响。

【新实体企业：蔚来汽车有限公司】

表4.1　蔚来汽车有限公司简介

公司	蔚来汽车有限公司	英文	NIO
定位	提供高性能的智能电动汽车与极致用户体验	创立时间	2014年
创办人	李斌、李想等	网址	https://www.nio.com/

蔚来汽车有限公司（简称蔚来，见表4.1）不仅仅是一家汽车品牌公司，通过提供高性能的智能电动汽车与极致用户体验，蔚来致力于为用户创造愉悦的生活方式，打造全球范围内的“用户品牌”。2014年11月，蔚来由李斌、刘强东、李想、腾讯、高瓴资本、顺为资本等深刻理解用户的顶尖互联网企业家与企业联合发起创立，并获得了淡马锡、百度资本、红杉、厚朴、联想集团、华平、TPG（德太投资）、GIC（新加坡政府投资公司）、IDG（美国国际数据集团）、愉悦资本等

数十家知名机构的投资。

蔚来是立足全球的初创品牌，已在圣何塞、慕尼黑、伦敦、上海等13地设立了研发、设计、生产和商务机构，汇聚了数千名世界顶级的汽车、软件和用户体验的行业人才。

2016年11月21日，蔚来在伦敦发布了英文品牌NIO、全新Logo（标识）、全球最快电动汽车EP9。2017年4月19日，蔚来携11辆汽车亮相于2017上海国际车展，这是蔚来品牌的中国首秀。该品牌的量产车蔚来ES8首次揭开面纱，旗舰超跑蔚来EP9开启预售。ES8是一款高性能7座纯电动SUV，计划2018年正式开始交付。

第五章

模式共赢：新实体发展的逻辑

富士康模式有四个阶段：垂直整合、逆向整合、横向整合、多元整合。

——郭台铭（鸿海公司董事长）

建立各方共赢的“新商业模式”，是新实体经济发展的第一逻辑。商业模式变革的目的就是创造价值，在新实体经济的范畴下，实体经济的发展也在反馈和调整商业模式的走向。也就是说，商业模式的变革既可以通过影响外部环境来间接影响实体经济，也可以通过内部生产方式的变革直接影响实体经济的发展。

一、商业模式的变革

商业模式是管理学研究的一个热点，随着时代的不断发展，商业模式也愈加复杂。特别是在信息化、市场化深入发展的今天，传统商业模式受到了前所未有的挑战，创新商业模式势在必行。商业模式的本质是创造新价值，通过提升企业的核心竞争力来增强竞争优势。而商业模式创新属于企业最本源的创新，离开商业模式，其他的管理创新、技术创新都失去了可持续发展的可能性和盈利的基础。因此新的商业模式对新实体经济的发展至关重要，通过商业模式创新来带动经济转型升级将是发展新实体经济的重要途径。

(一) 传统模式的演化

商业模式的实际运行其实自古有之，只不过因为过去传统的交易结构一直都是买、卖、运、付、收的简单循环，经商的模式单一稳定，所以没有受到重视。随着科学技术发展水平的不断提高，人们发现在技术创新的间隔期，经营方法的创新能够极大地提高企业的运行效率，经营方式的种种变革相较于创新的大量投入效果往往更好。自此商业模式逐渐得到企业家及研究者的关注，商业模式的历次创新也大大提高了整个社会的运行效率，并在日后的不断完善与发展中影响了整个时代的变革。

综观商业模式的发展历程，可以大概划分为四种：店铺模式、搭售模式、硬软组合模式以及其他模式。店铺模式是最古老也是最基本的商业模式，它一般在客流量比较大的地方开设店铺，通过顾客到店消费的方式来实现商品的买卖与货币的流通。古代的集市贸易与杂货铺子都可归于此类。搭售模式又称为“饵与钩”模式，它是新兴商业模式初步萌芽的表现。20 世纪早期，经营者开始利用关联商品或者互补商品之间内在的联系采取显性或隐性的捆绑式销售。比较典型的代表就是剃刀和刀片，剃刀为饵，刀片为钩。运营者利用薄利多销的刀片实现对真正具有利润空间的剃刀的销售。这一模式今天仍在使用，具有代表性的就是亚马逊开发的 Kindle 电子书，其通过海量低价电子书来吸引人们对 Kindle 阅读器设备进行消费。第三种是硬软组合模式，商家将硬件制造和软件开发相结合，以软件使用增加用户对硬件使用的黏性，从而获得稳定的客户群，这一模式是搭售模式的进一步演化与发展。当今互联网领域的客户端（诸如各种手机和电脑），也是通过这种模式对消费者的消费习惯进行引导与培养。除了这三种模式之外，在过去几十年的发展中各行各业也出现了一些比较典型的商业模式，比如20世纪50年代麦当劳创办的连锁快餐店，60年代沃尔玛（Walmart）开启的超市和仓储合二为一的混合超市，以及70年代随着通信技术的发展而兴起的新快递业。

总而言之，随着科学技术的进步与时代的发展，商业模式也在不断演化，每一次的变革都能给企业带来巨大的效益，进而提高整个社会的生产力。但是随着时间的推移，每一次商业模式的革新所释放的红利会逐渐消失，企业的运营者必须不断地调整和创新其商业模式以满足客户的实际需求。

（二）新型模式的兴起

第四次工业革命是以互联网产业化、工业智能化和一体化为代表，以人工智能、清洁能源、无人控制技术、量子信息技术、虚拟现实以及生物技术为主的全新技术革命。它的到来对整个商业的运营体系产生了颠覆性的改变。在互联网的影响下，许多以往的商业模式被瓦解，传统意义上可依托的壁垒被打破，现代商业模式的内外部环境与过去相比发生了很大的改变，原有产业之间相互影响、相互渗透、相互交叉，业务、技术、管理和市场等产业构成要素相互整合、重组，信息、网络技术变成了实体企业必不可少的经营工具。信息、网络技术与实体经济相结合成为一种趋势，大大促进了实体企业商业模式的变革。在此背景下，传统商业模式无法满足企业发展的现实需要，新的商业模式不断创新与改革，从而衍生出了一系列具有信息化时代特点的新型商业模式。

具有代表性的新型商业模式有：直销模式、分众模式、虚拟经营模式以及电子商务模式等。这些新型的商业模式往往能够借助新技术来整合新资源，进而开拓新的盈利模式。首先是直销模式，在该模式下，生产商利用互联网及大数据技术，不经过中间商而直接把商品销售到顾客手中，来减少中间环节和销售成本，是一种通过降低产品的流通环节成本来满足顾客利益最大化需求的一种高效率的营销方式。其次，分众模式则通过特定的媒体资源（如户外电视），利用规模效应及其特殊的强制性向特定生活圈的受众进行广告传播。这一商业模式不仅十分清晰，而且具有独特的分众性，受体人群类别更为集中，更具强制性，因此也就更加能够整合闲置资源。再次，虚拟经营模式则是企业运用核心能力，利用外部优势条件，通过降低成本而创造的一种高弹性的运作方式。虚拟化经营基本有五种形式：虚拟生产、共生、策略联盟、虚拟销售网络、虚拟行政部门。美国耐克（NIKE）公司是服装业虚拟经营的典范。耐克公司把精力主要放在设计上，具体生产则承包给劳动力成本低廉的国家和地区的厂家，以此降低生产成本。这种虚拟制造模式使耐克迅速在全球拓展市场。最后则是以信息网络技术为手段，以商品交换为中心的商务活动——电子商务模式，其涵盖范围较广，根据平台参与者之间的关系可分为 B2B（企业对企业）、B2C（企业对消费者）、B2M（企业对营销）、B2G（企业对政府）、C2C（消费者对消费者）、O2O（线上对线下）等多种模式。交易平台、平台经营者、站内经营者以及支付系统这四大要素构成完善的信息流、资金流、物流等。它通过网络的快速反应，为客户提供更好的服务，从而促进企业的业务发展。

不限于前面提到的几种模式，现代商业模式正处于一种大创新、大变革的时代。人类社会生产力已经进入了高度发达的阶段，由资本、土地、劳动力等生产要素决定的经济增长模型已逐渐不再适用，由技术作为关键外生变量的价值创造机理正在变迁，未来商业模式创新将衍生为企业竞争力比拼的核心。

（三）商业模式变革及意义

在如今的经济技术条件下，同一行业的企业面临的市场环境中的竞争加剧，如何结合自身特点谋求差异化发展成为制胜的关键。而且不同于技术创新受到严格的自然条件制约，商业模式的创新因其构成要素以及内外部因素的众多使其具有广阔的发展空间，对企业来说，进行商业模式的革新也更加容易取得成果。商业模式的变革由此成为企业提高生产力、增强核心竞争力的主要手段。

好的商业模式可以举重若轻，化繁为简。在赢得顾客、吸引投资者和利润创造等方面形成良性循环，使企业经营达到事半功倍的效果。从过去的发展经验来看，商业模式的创新能够极大地增加企业利润，扩大市场价值。对各行各业的佼佼者进行研究后不难发现，优秀企业往往因为独特的商业模式获得了超过行业平均水平的超额收益率。沃尔玛从一个小连锁折扣店发展成世界最大的零售商，凭借的就是从经营策略到业务模式的不断创新。创业初期，沃尔玛的领导者打破行业内小城镇不具备开设零售业条件的固有认知，对市场进行细分，在“天天平价”理念的引导下，将前沿信息技术与供应链管理融合在一起，从而成为最著名的零售领先企业。百度凭借经营模式的革新，从创业初期发展成现在总市值将近 800 亿美元的上市企业，打破了传统企业的盈利模式，在为用户提供搜索服务的同时，也是一个商业化的信息检索平台，通过竞价广告来实现盈利，成为全球最大的中文引擎搜索平台；其价值主张、盈利模式、营销模式及价值网络的构建都刷新了人们当时的认知，是通过商业模式创新而获得巨额市场的典型代表。

无论是沃尔玛、百度，还是现在共享经济等新兴企业的成功，商业模式的创新是现代企业竞争普遍存在而又永恒不变的主题。谁能走在时代的前端，洞察消费者的优先需求，不断思考企业的商业创意，谁就能够通过适时地革新商业模式，掌控发展的主动权，就能在新一轮的竞争中取得成功。

二、新模式：重塑实体优势

学术界对商业模式一直没有清晰统一的定义。有人认为商业模式属于一种介于企业与市场之间的组织形式，是人们在从事商业经营活动时所采用的方式方法的总称。有人将商业模式定义为利益相关者的交易结构，还有学者将其定义为企业基于资源和能力投入，通过构建价值链和外部网络来实现价值创造和价值获取的方式。新实体经济的商业模式是传统产业被互联网、人工智能等新技术改造过的新模式，包括融合互联网的零售、批发、生产、制造、物流、金融等服务环节，最终形成以新零售、新制造为代表的全新业态。

（一）新模式的构成要素

新商业模式的构成要素较为丰富，包括价值网络、价值主张、盈利模型、组织设计以及共享流程。商业模式就是一个企业创造价值的核心逻辑，其价值创造是以发现和挖掘客户价值为基础，并通过调整利益相关者之间的交易关系，优化交易结构，进而提升交易效率来实现的。在企业的实际运行过程中，企业自身的行业特性与发展特点决定了各自独特的发展道路。白宏（2012）认为一个成功的商业模式要能够提供独特的价值，要对目标市场、目标客户以及相关利益者有清晰明了的认识并厘清三者之间的关系，才能够依托产品和服务实现商业模式的真正创新。在商业模式的构成要素确立之后，匹配以不同的商业价值交易逻辑，以及企业愿景与理念之后，各企业对不同构成要素的选择与组合形成了其商业模式的基本框架，但在商业模式基本框架之上，商业模式的变革与发展会因外部环境约束以及企业内部制约而受到影响。

企业外部环境的变化包括技术冲击、法律法规以及政治经济环境的改变，这会影响原有商业模式的经营条件，从而使原有模式因不再适应实际发展的需要而被淘汰。另外，市场也会因竞争的加剧而自发地进行商业模式的新旧更替。在商业模式趋同到一定程度时，一些企业会自发地在满足消费者需求的同时进一步引导消费者向更为高级的商业模式晋级，通过占据先发优势而谋求企业利润，拓展生存空间。同时企业也要意识到，这些影响商业模式的内外部因素也是商业模式进行变革的途径与方法。通过法律环境与技术条件的改善，或者企业发展愿景与战略定位的提升，都能够在一定程度上改善商业模式，进而增强企业的市场竞争力。图 5.1 展示了商业模型的生成路径。

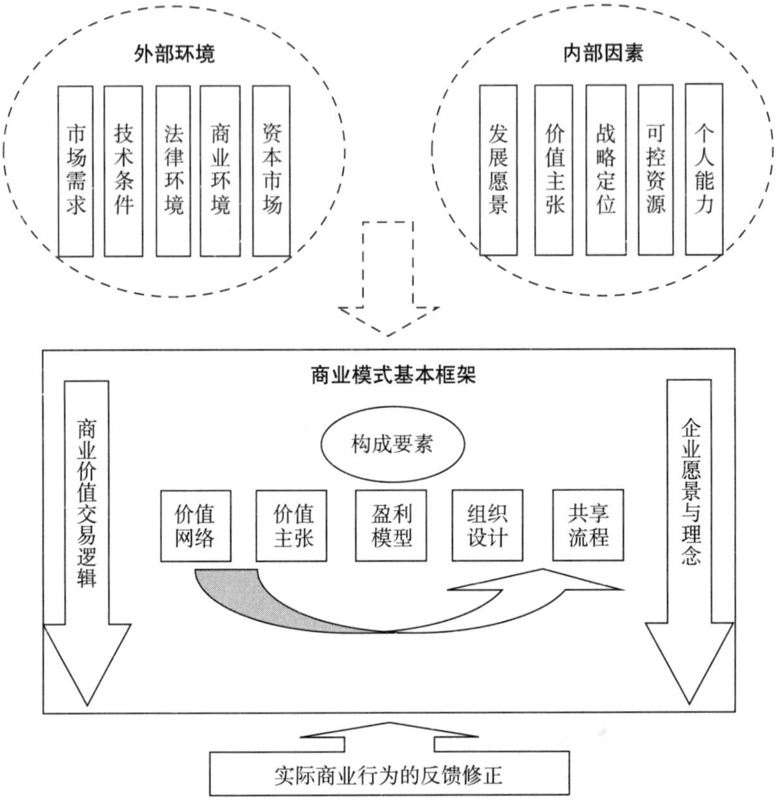

图 5.1　商业模式的生成路径

（二）新模式的发展趋势

随着科学技术的不断进步与生产力发展水平的不断提高，商业模式的创新层出不穷。直销、分众、虚拟经营以及电子商务等新型商业模式的崛起，也是因为其在不断演进与创新的过程中能更加适应时代发展的需要，能够为企业发展营造出新的成长空间。总的来看，当代商业模式的格局和特点也呈现出以下新的发展趋势。

首先，与新一代信息技术相融合，成为现代商业模式创新的显著特征，电子商务的发展就是典型代表。据统计，阿里巴巴集团以及蚂蚁金服集团 2016 年合计纳税 238 亿元，带动平台纳税至少 2000 亿元，创造了超过 3000 万个就业机会，它们之所以能够取得如此大的成就，与其用好互联网和大数据密不可分。创业之初，阿里巴巴就极具远见地瞄准了中国市场的电子商务网站。2003 年阿里巴巴开始借助互联网平台致力于打造全球领先的网络零售商圈，随着 C2C、B2C 网上交易平台的建立，其业务范围与规模不断壮大，发展至今已经成为行业内的佼佼者。

其次，产业链整合是新时期商业模式创新的一大亮点。制造业的产业状态逐渐向链状形式衍化，表现为产业链、价值链、供应链、服务链、信息链等。就当前而言，各产业的上下游分工相对来说还较为明确，横向和纵向虽有联系但还不甚紧密，未来随着互联网、大数据等技术的深入发展，行业将越来越垂直，协作将越来越完善。当前封闭的价值链势必要向开放的价值网络转变，商业模式创新通过产业整合，将会把关联企业的价值链捆绑到一个更为庞大的产业价值链系统里，并应用企业间价值链的创新联结来创造出新的价值。未来的竞争将不再仅仅局限于在本行业内如何实现利润最大化，企业应当考虑的是，如何在全球的资源组合中找到一条最有效的赚钱路径。

再次，新兴商业理念向传统行业渗透成为趋势。比如在共享经济理念下，共享单车的推出可能会对传统自行车及汽车制造行业造成严重打击，但也带来了转型和合作的机会。不借鉴新兴的经营理念，传统产业将逐渐被互联网产业以及智能科技产业替代。未来优秀企业的发展方向也将从做产品、做服务向做平台升级。中国商业角逐的核心也将实现从地段到流量再到“粉丝”的竞争，受新型商业发展理念的影响，传统行业要么在其渗透下更新换代，转型升级为新型实体经济，要么在其冲击下彻底消失。

最后，企业的价值实现方式将出现本质变化。随着行业细分的深入，未来企业价值的实现方式以及盈利模式将发生颠覆。随着价值链的整合，企业的业务系统及关键资源和能力均会发生一系列改变，随之而来的企业价值、盈利模式也会有相应的变化。传统的盈利模式往往是企业提供什么样的产品和服务，就针对这种产品和服务向客户收费，现代企业的盈利模式则变化极大，经常出现的盈利模式是企业提供的产品和服务不收费并且是永远不收费，吸引来的顾客产生的价值则由其他利益相关者支付，“羊毛出在猪身上”不再是商业故事，未来这种模式将继续发展下去，如何通过参与另一个快速增长的机遇来实现自身的发展，是企业家的新课题。

（三）模式革新：改善收益

商业模式的创新毫无疑问可以促进实体经济的进步，对当下重新定义的新实体而言，商业模式的革新对其影响相较于传统实体来说要大得多。因为当下商业模式的创新大多伴随着新实体经济的发展而同步出现，一些新型的商业模式本身的立足点就是新实体经济。在新旧商业模式与新旧实体经济的匹配范畴里，新的商业模式对新实体经济的促进作用最大。

银国宏（2006）在研究产业增长路径与商业模式创新时认为，创新商业模式与企业收益增长率的正向关系显著。表 5. 1 中所列公司多属于新实体经济的范畴，在对这些公司过去的营业业绩进行统计后发现，作为商业模式创新成功的代表，它们收入的平均增长率达到了 133. 79%，盈利的平均增长率高达 170. 59%，在传统实体经济领域，企业要实现这样的增长几乎是不可能的。这也从侧面印证了商业模式的变革可以为新实体经济带来巨大的商业价值。

表 5.1　创新商业模式与企业收益增长率

公司	业务及经营模式	五年收入几何增长率（%）	五年盈利几何增长率（%）
百度	中文搜索	195.16	306.83
金融界	金融数据服务	92.43	183.47
携程网	网络订酒店及机票	74.83	153.04
前程无忧	人力资源服务	43.45	39.00
第九城市	网络游戏	70.78	……
分众传媒	楼宇广告	326.10	……
均值		133.79	170.59

商业模式创新所带动的生产力与生产方式的变革，对经济发展起着巨大的推动作用。在传导路径上，往往是将个别企业的创新发展为行业的创新，最终推广到整个产业，并直接或间接对相关产业施加正向激励，从而转化为新实体经济的一部分。一般而言，商业模式创新的价值首先体现为收入的高速增长，然后才逐步过渡到利润高速增长阶段。这就意味着商业模式创新所带来的效益是源源不断的，能够通过市场价值和金融价值的双重耦合来对新实体经济的发展起到多重的促进作用。

（四）模式优化：战略为先

综观各个时期具有代表性的商业模式就会发现，商业模式本身并没有好坏之分，只有适合与否。特别是在现代资源、组织关系变化如此复杂、迅速的时代，企业“头痛医头、脚痛治脚”的创新不能从根本上解决问题，需要立足现实，从根本上对企业运营进行系统性优化的整体方案。

这也就意味着必须从战略层面看商业模式创新，需要企业、市场及利益相关者多角度的共同努力，才能够将商业模式创新的效果发挥到最大。

商业模式的创新有赖于良好的内外部环境的酝酿。在供给侧结构性改革及新常态的背景下，政府要在相关方面给予积极的引导与支持，利用商业模式的带动力来促进新实体经济的健康发展。企业自身也要加大对商业模式创新的重视力度，在外部环境既定的条件下，充分释放内部因素的发展空间，使自身通过商业模式的不断创新来实现新的价值、满足新的市场需求。因为毕竟相较于其他促进新实体经济发展的手段或者途径而言，商业模式创新的投入产出比最高，对企业来说也最为可行。

在进行商业模式创新的过程中，企业需要处理好四大关系。一是处理好生态系统内利益相关者各类关系。必须充分考虑生态系统核心价值而非自身和产品本身的价值，必须强化自身资源能力在生态系统中的地位。二是处理好创新商业模式与现有管理体系之间的关系。如小米手机的销售方式以电子商务方式为核心，其渠道管理流程更符合创业型企业的需要。三是处理好保持竞争优势与推动创新的关系。四是处理好客户体验与风险控制的关系。李雷雷（2015）研究了阿里巴巴 B2B 业务的商业模式创新，认为从定位、业务系统、关键资源能力、盈利模式和自由现金流结构的角度来看，其模式创新体现了管理层的战略思考（见表 5.2）。

表 5.2　阿里巴巴 B2B 业务商业模式创新

	商业模式创新前	商业模式创新后
定位	“免费会员制”形式汇聚了“信息流”，此种商业模式单一，可复制性强	“信息流、资金流、价值流”使全流程服务一体化，降低了商业模式的可复制性，丰富了商业模式
业务系统	主要面对中南沿海中小制造业，客户细分不够深化和具体化。渠道为直销模式，比较单一。以客户获取为主，但逐步面临如何进一步维系客户的问题	除了面向中小企业，也逐渐向渠道商和终端实体零售商靠拢，进一步扩大了客户细分市场，深化了线上与线下的融合。以满足客户需求为基本出发点，推出增值服务，有效增加了客户黏度
关键资源能力	虽然建立了一定的知识资产作为核心资源，但面临着如何维系的问题。仅靠免费注册这一方式来吸引客户并不能长时间维系。与合作伙伴的合作大多基于特定资源和业务的获取	通过建立庞大的人力资源，实现了知识资产的维系，人力资源也成为核心资源之一。通过增值服务和收购等形式，加强客户依赖度，提升服务形象。利用收购的方式降低成本和风险，对商业模式进一步优化
盈利模式	维持精简的低成本并不能完全满足客户的需求。固定会员费模式的收入来源比较单一	有效提高成本结构，带动产品和服务的整体提升。将收入来源逐步变为与服务效果挂钩，提升销售额
自由现金流结构	企业收入结构来源单一，收入低，成本费用多	现金流少，收入来源增加，收益多元化，现金流结构更加丰富

如何创新商业模式，以全新的商业思维、全渠道的运营体制，拓展新的市场空间，已成为各行业转型升级的关键。以市场需求导向、产业价值链整合、互联网技术应用为主要特征的新一轮商业模

式创新，已成为推动经济社会发展的新生动力，也是企业核心竞争力与软实力的重要体现。

（五）让利益相关者“共赢”

新实体经济的商业模式必须考虑各类利益相关者，最终实现各方的共赢。管理学中讨论的利益相关者（Stakeholder），是企业组织外部环境中受组织决策和行动影响的任何相关者。在现实中，利益相关者可能是客户内部的（如员工），也可能是客户外部的（如供应商或压力群体），表5.3展示了企业的利益相关者的进一步分类。

表5.3 企业的利益相关者

	内部	外部	
1	所有者和股东	银行和其他债权人	
2	购买者和顾客	供应商、广告商	
3	管理人员、雇员	工会、行业协会	媒体
4		国家及地方政府、监管部门	政党、宗教群体、其他公众利益群体

因为利益相关者能够影响企业，所以他们的意见一定是企业在做决策时要考虑的因素。但是，利益相关者不可能对所有问题保持一致意见，其中一些群体要比另一些群体的影响力更大，如何平衡各方利益成为战略制定的关键问题。除了对战略制定产生影响以外，利益相关者分析也是评价战略、制定商业模式的有力工具。

新实体企业的商业模式，是传统产业被互联网、人工智能等新技术改造过的新模式。当前商业模式创新基本上以价值创造为灵魂、以客户需求为中心、以企业联盟为载体、以应变速度为关键、以信息网络为平台。这样企业才能在迅速发展的市场中谋得一席之地。若要对新实体企业的商业模式进行界定，首先须从客户的角度考虑，即从用户价值来分析企业存在的理由以及客户消费的意愿，进而分析业态的横向扩展性、纵向延伸性、平台衍生性及关联协同性。其次，必须构建一个围绕定位来建立内外部利益相关者的交易结构，分配各方在各个环节中的角色和组织方式，提高系统效率，降低成本。最后，必须思考企业的收益及分配方式。由于最终分配的来源是整个商业模式价值，要考虑以何种方式来获取收益，即如何定价、向谁收钱等。同时企业也要思考纳税、社会责任、员工福利、股东回报等方面的收益安排和结果，实现多方共赢。

总之，新实体的商业模式革新是在各类因素的冲击下对商业模式进行的适应性调整。商业模式的革新应集中在市场需求、技术条件与法律环境等外部影响因素上，以及价值主张、战略定位及可控资源等内部因素的影响下，还要对价值网络、价值主张及盈利模型等构成要素进行重构与再造，以适应和推动新实体经济的发展。

【新实体企业：菜鸟网络科技有限公司】

表 5.4　菜鸟网络科技有限公司简介

公司	菜鸟网络科技有限公司	英文	Cainiao
定位	全球智能芯片领域的先行者，宗旨是打造各类智能云服务器、智能终端以及智能机器人的核心处理器芯片	创立时间	2013 年
创办人	张勇、童文红等	网址	https://www.cainiao.com/

菜鸟网络科技有限公司（简称菜鸟网络）成立于2013年5月（见表5.4），是由阿里巴巴集团、银泰集团联合复星集团、富春控股、顺丰集团、“三通一达”（申通、圆通、中通、韵达）、宅急送、汇通以及相关金融机构共同组成的“中国智能物流骨干网”（CSN）项目。

菜鸟网络计划用5~8年的时间，努力打造遍布全国的开放式、社会化物流基础设施，建立一张能支撑日均300亿元（年度约10万亿元）网络零售额的智能骨干网络，这个网络不仅是电子商务的基础设施，更是中国未来商业的基础设施。中国智能骨干网将应用物联网、云计算、网络金融等新技术，为各类B2B、B2C和C2C企业提供开放的服务平台，并联合网上信用体系、网上支付体系共同打造中国未来商业的三大基础设施。

菜鸟网络表示，中国智能骨干网要在物流的基础上搭建一套开放、共享、社会化的基础设施平台，通过自建、共建、合作、改造等多种模式，在全中国范围内形成一套开放的社会化仓储设施网络。同时，利用先进的互联网技术，建立开放、透明、共享的数据应用平台，为电子商务企业、物流公司、仓储企业、第三方物流服务商、供应链服务商等各类企业提供优质服务，支持物流行业向高附加值领域发展和升级。最终建立社会化资源高效协同机制，提升中国社会化物流服务品质，打造中国未来商业基础设施。

2018年2月，菜鸟网络与天猫国际共同宣布，已经启用区块链技术跟踪、上传、查证跨境进口商品的物流全链路信息，这些信息涵盖生产、运输、通关、报检、第三方检验等商品进口全流程，将给每个跨境进口商品打上独一无二的“身份证”，供消费者查询验证。

第六章

“天生全球化”：新实体发展的价值链

如果要成功，你应该朝新的道路前进，不要跟随被踩烂了的成功之路。

——约翰·洛克菲勒（洛克菲勒企业创始人）

一、全球战略，全球交付

（一）转向新型全球化

现在许多企业在制定全球战略时，核心依然是二元观念，即将世界分为发达经济体和新兴经济体。众多发达国家的企业的董事会在制定企业全球战略的指导思想时，仍引导公司采取新兴市场战略，向国外市场扩张。然而，对世界经济的二元观念已经过时。若要寻找设置市场优先次序的新途径，不仅要具有一个创新理念和战略引导，企业的各项业务也必须是动态的、可灵活交付的。如此一来，无论短期或长期，当各国内部以及国际环境发生变化时，企业的全球化商业模型就可以随之调整。

21 世纪的前 20 年，全球经济变化显著，发展中国家体现出更强劲的经济增长，全球经济增长趋于多样化，不再由发达国家主宰。美国、德国和日本等仍然是经济强国，但是从经济规模（以名义 GDP 计）或从全球 GDP 增长中的份额来看，可以看出发达国家的影响明显减弱。全球经济格局中有两个概念长期流行：一是“脱钩”，即低收入国家增长模式与高收入国家的模式分开；二是“双速世界”，即发达经济体和新兴经济体的增长轨迹分开。这两种观念在很大程度上来源于中国、印度及其他低收入国家的快速增长，跨国公司可运用这些观念制定全球战略，新兴市场战略的重要性也因这些观念得以凸显。今天，这样的模式不再适用，几乎所有发达国家和中等国家都受到2008年全球金融危机的影响，新兴经济体相对而言影响较小，这在事实上削弱了“脱钩”概念。在全球金融危机的余波中，各国经济增长势头千差万别，而且这种差异与新兴国家、发达国家的概念并不一致。全球二元格局被打破，传统跨国公司的全球化路径已不再像过往那样所向披靡，以中小企业、创新型企业为主流的“天生全球化”模式独树一帜。

（二）打破界限，加速互通

随着跨洋飞行、交通和通信技术的不断发展，经济全球化的趋势持续加快，各国也致力于削减贸易壁垒，劳动力、资本等生产要素的流动成本不断下降，出口条件不断改善，贸易和投资的自由化程度进一步加深。与此同时，全球金融市场也迅速发展起来，为企业在全球范围内投、融资提供便利。

经济全球化的进程打破了原有的分工模式。在亚当·斯密（Adam Smith）看来，分工几乎是经济进步的唯一因素。分工结构的变化导致各生产要素在全球范围内不断流动，重新配置。近年来随着全球化的不断深化，国际生产活动由原来一国内部或区域内部的分工转变为全球范围内的分工，这种分工结构的变化源于产品生产的价值链发生了变化，价值链的发展与变化也为全球生产网络的形成创造了条件。

迈克尔·波特（Michael Porter，1990）在其“企业价值链”的基础上将研究层面拓展到企业外部，突出了价值链的空间分离。他认为，企业可以通过在内部建立一系列相互关联的“价值增值活动”，使价值链上的每一个环节都能够产生增值效应，最终的增值总和就是企业的“价值增值总和”。加里·杰里菲（Gary Gereffi）在迈克尔·波特的基础上，通过“生产者驱动”和“消费者驱动”两个模式探究了产品在国际产业链中的升级。根据联合国工业发展组织的定义，全球价值链是指为实现商品或服务价值而连接生产、销售、回收处理等过程的全球性跨企业网络组织，涉及从原料采购和运输，半成品和成品的生产和分销，直至最终消费和回收处理的过程，是价值增值在全球经济环境中的新的体现。以制造业为例，第二次世界大战以后，在生产要素全球自由流动的前提下，全球范围内的制造业出现了三次大转移，跨国投资、技术合作、合同制造等大大推动了全球化生产，特别是跨国公司全球化和全球生产网络的形成，是经济全球化的突出表现。

在全球价值链不断重构的过程中，中间品贸易量也在不断增加。21 世纪以来，国际分工越来越表现为同一产业内不同产品之间和相同产品内不同工序、不同增值环节之间的多层次分工。国际分工的范围和领域不断扩大，逐渐由产业间分工发展为产业内分工，进而演进为以产品内部分工为基础的中间投入品贸易（称为产品内贸易），这使全球市场的依存度进一步增加，传统的“美国制造”“德国制造”“中国制造”的界限正在打破，“全球制造，全球交付”取而代之成为新的分工趋势。各国产业间的关联性和依存度大大提高，一国产业结构必须在与其他国家产业结构的互联互动中运行，在互利共赢中实现动态调整和升级，才能获得资源整合、要素配置效率和全要素生产率的提高带来的红利，这也让全球范围内越来越多的中小企业有机会加入全球化的生产过程中。

在传统的企业国际化理论中，规模的大小通常是衡量企业是否能够从事国际化活动的重要指标，因为国际化所需要的规模经济、管理经验、营销渠道等特定优势通常都是在企业发展到一定规模的时候才具备的。然而随着全球化对商业活动的影响日益深化，相当数量的中小企业在创立之初就具备了一定的从事国际化活动的实力。另外，有实证研究表明，企业规模和出口以及直接投资之间并不存在相关性。这表明相当数量的中小企业国际化的道路并没有遵从传统的路径。

产品的普及速度加快、市场的扁平化程度提高，为“天生全球化”企业的形成创造了条件。随着经济全球化的深入发展，世界各地的消费者需求趋向同质化，这使同种产品在不同国家和地区销售变得更加容易。同时，由于大型跨国公司的激烈竞争，中小企业不得不利用独特边缘技术向全球利基市场提供特色产品，以保持竞争优势。另外，由于越来越多的中小企业出现在知识密集型行业，而知识密集型产品的生命周期正变得越来越短，因而这些企业在成立后尽快走向国际市场，扩大产品销售范围，就显得非常必要和迫切。

二、重构新实体价值链

（一）“天生全球化”与跨国经营的差异

“天生全球化”企业并非传统跨国公司的发展简化版，而更多是指面向全球发展的创新企业和中小企业。朱吉庆和范徵（2009）在

"天生全球化"企业的基本特征与成长驱动力研究中提出，"天生全球化"企业与大型跨国公司在理论基础、国际化发起、海外市场进入标准、海外市场进入模式等方面都存在差别（见表6.1）。"天生全球化"企业的产生，或是从战略定位出发，或是由行业特性所致。战略定位是指自创业起，它就放眼全球，将世界视为一个完整的市场，而不仅仅是国内市场的简单延伸。行业特性是指某种生意只有依靠全球的网络才能做起来，比如物流或互联网，没有地域的限制，从第一天开始，客户就是全球的。从运营角度来说，这些公司大多在成立不久就开展出口业务，并且很快出口额就占到全部营业额的相当大比例。"天生全球化"企业大多由敢想敢为的年轻创始人成立，往往能够通过独特的产品创意，或者借助新兴的方式迅速开展业务。

表6.1　传统企业与"天生全球化"企业特征比较

比较维度	传统企业	"天生全球化"企业
理论基础	行为理论、经济学理论	创业理论、网络理论、企业知识观
国际化发起	应对性的，对出口订单的被动反应	积极、主动寻求海外市场成长机会
海外市场进入标准	可管理性：公司现有业务领域与要进入的海外新市场的差异最小	机会：选择最具增长潜力的市场以实现潜在市场规模的最大化
海外市场进入模式	从低控制模式到高控制模式依次渐进的过程	没有固定的次序，但企业倾向于联合治理机制，如联盟等
国际化特征	国际化步伐较小，缓慢、渐进式，逐步实现更复杂的模式和更远的市场	国际化步伐较大，迅速、跳跃式

续表

比较维度	传统企业	“天生全球化”企业
价值创造逻辑	价值创造性资产集中于国内	基于跨国界资源整合的价值创造
资源禀赋	企业资源和经验性知识是在国内市场形成的，具有国内市场的烙印	经验性知识是国内和海外市场共同创造的，具有国际市场的烙印
个人经历与企业知识的关系	个人经历不重要，企业知识比个人经历重要	国际化是由个人经历和企业家远见推动的
对企业生存、成长的意义	个人经历不重要，企业知识比个人经历重要	国际化是经济全球化时代企业生存和成长的必要方式

“天生全球化”企业从其发起设立初始，就具有国际化的视角与规划。相比于传统企业的国际化，它们具有更加显著的机会导向性，着眼于动员各种资源去实现商业机会。从“天生全球化”企业的创业与成长来看，“天生全球化”企业多属于机会型创业，其发起人在创业前都有令人羡慕的工作，他们因为发现了更为诱人的创业机会而辞职创业。企业家是为了把握市场机会而辞职创立企业，并不是为生活所迫。更重要的是，这类企业家发现的均是国际市场的商机。所以，海外市场机会识别与开发是“天生全球化”企业创业与成长的起点。

在国际化发展路径上，“天生全球化”企业从成立之初就从事国际化经营，并表现出明显的跳跃性特征。首先，在国际化发展阶段上，“天生全球化”企业并不是按照传统的国际化理论，而是摒弃传统的“由近及远，先易后难”模式，越过其中的一个或多个环节，尝试跳跃式扩展。其次，在区位选择上，也并不是按照传统的路径，甚至一开始就以直接投资的形式进入欧洲或北美等发达地区市场。为国际市场服务是这类企业成立的初衷，在战略上往往较其他企业更注重以国际市场为导向，表现出资源的多国配置倾向，有的企业甚至根本就没有国内业务。“天生全球化”企业的区位扩张进程打破了传统的国际化过程的观点，即企业首先为国内市场服务，然后经历一系列渐进的阶段逐步涉足国际市场。

（二）“天生全球化”企业的生命周期

全球市场竞争更加激烈，也更加变化无常，这需要“天生全球化”企业能够快速反应、不断创新，否则其优势会迅速丧失。

在“天生全球化”企业进一步发展的生命周期中，会有不同阶段的区别，各阶段中驱动力的作用也在演进。企业成长发展阶段的划分有很多方法，卡赞简（Kazanjian，1988）基于企业家管理的角度做出了划分。杜群阳等（2015）在研究“天生全球化”企业跨国创业导向与国际化绩效中提出划分标准，将“天生全球化”企业生命周期的前半部分分为三个阶段。第一阶段为初创阶段，时间为3年以内；第二阶段为商业化阶段，时间为3~6年；第三阶段为成熟成长阶段，时间为6~15年。

对第一阶段的企业来说，创业企业家及核心高管的个人作用极为重要，如通过个人筹措启动资金、获得销售订单，坚韧、果敢等企业家精神也发挥了重要作用。这一时期，由于没有正式的组织架构，创始企业家几乎掌握所有事务的决策权（包括经营、管理、采购、销售等），因此对企业国际化之路具有决定性意义。国际化本身对企业绩效有显著正面效应，也说明企业家对跨国创业的决策是“天生全球化”现象的关键因素。初创期的组织学习集中体现在企业已学习到的知识和经验，以及为企业全球化而进行的探索性学习上。关系网络方面，资金、商业信息、合作伙伴、销售渠道和客户等的获得都集中体现为企业家通过个人及其网络获得。

对第二阶段的企业来说，各驱动因素的内容和重要性都发生了一定变化。企业家精神和能力的特质开始演化为整个高层管理团队的作用，此时正式组织架构开始形成，创始企业家开始大幅分权，这样才能更集中关注企业发展战略领域。而网络关系和组织学习因素的作用开始上升，当企业发展到商业化阶段后，个人非正规的网络提供的资源较为有限，企业的生存和进一步发展更多依赖于整个企业组织对资金、信息、渠道和客户的获取。组织学习方面，一方面，解决了企业面临的困境，以及进入新市场和业务领域需要正规的组织来获取决策所依赖的知识支持；另一方面，由于企业最终决策权仍掌握在企业领袖手中，所以最终的决策依然需要发挥企业领袖的学习作用，而这种学习表现为对新市场和业务领域的探索性学习。

对第三个阶段的企业来说，网络关系的贡献开始减小，积极的企业组织学习意愿和能力则可以减少关系网络贡献下降带来的负面影响，否则组织学习和网络关系的双重负面影响将可能导致“天生全球化”企业逐步退出国际市场。而这一时期企业家希望进一步开拓全球市场，强调产品的全球领先地位，鼓励员工创新国际市场营销渠道等。企业家的进取精神则是通过组织学习因素，使“天生全球化”企业进一步开拓市场和业务，长期引领企业面向未来走持续发展之路。

三、“天生全球化”：资源驱动

“天生全球化”企业一经创立就具备全球视野，因此它们的发展模式完全不同于传统企业的全球化路径。“天生全球化”企业的发展需要立足全球化市场，以自己的独特优势精准定位全球利基市场；要整合全球资源，建立有效的营销网络；要不断学习全球化经验，具备全球化企业的国际视野；要具备可持续的创新能力，不断提升企业的竞争力。

（一）整合全球资源

相比于传统企业的国际化路径，“天生全球化”企业往往从创立初始就将全球视为一个完整的市场，而不仅仅是国内市场的延伸。麦卡日尼（Maccarini，1999）等提出，作为弱小的新生企业，“天生全球化”企业之所以能够在成立初始就参与国际竞争，很大程度上是由于其精准的市场定位。相关文献的研究显示，不同国家的“天生全球化”企业往往显示出更强的市场定位战略意识。

在国际市场的竞争中，东道国企业和大型跨国公司的优势非常显著，它们占据了绝大部分的市场份额，留给“天生全球化”企业的往往只剩下一些利基市场，即缝隙市场。为了在激烈竞争的全球市场中存活，“天生全球化”企业必须发展自身的独特竞争优势，与利基市场对接。“天生全球化”企业非常关注那些随着市场专业化程度不断提高而出现的越来越多的利基市场，倾向于向这些特定市场的特定消费群体提供一些高附加值的专业化产品，并且很多企业从创立初期就制定了包括品牌、知识产权保护及市场监测在内的清晰而完整的市场战略。这些企业通常具有某种竞争优势（可能是技术优势、设计优势、服务优势或是成本优势等），凭借这些优势，企业能够开发特色产品，提供差异化服务，从而避开传统跨国公司的规模优势。另外“天生全球化”企业还能够快速适应国际市场的变化，其规模比传统跨国企业更小，又更注重信息技术的使用，因此能够对市场环境的变化及时做出反应，能够根据全球消费者的需求变化，在短时间内对产品的结构、生产和销售做出调整，或改变服务内容、创新服务方式，使企业活动始终与国际市场变化保持协调一致。

欧万特（Oviatt，1994）等认为“天生全球化”企业之所以要制定针对特定市场和特定人群的定位战略，是因为这些企业规模较小，无法获得规模经济以及其他大规模生产的优势，所以只能通过提供一些价值比较高的产品形成和扩大其“不可移植性”的优势来克服这些不利因素。玛德森（Madsen，1997）等认为，整个经济环境的变化实际上也为这种市场定位提供了可能，比如部分行业专业化程度的提高出现了更多的利基市场，技术的进步使小规模生产在经济上变得趋于合理，贸易壁垒的降低使商品的跨国流动成本大大降低等。

刘德学等（2009）在研究“天生全球化”与中小企业的国际化活动时提出，“天生全球化”企业的市场定位战略实际上反过来又会促进企业的国际化进程，由于这些高附加值的专业化产品在国内往往只有较小的市场空间，因此进入国际市场通常被企业视为超越狭小国内市场的重要途径。

企业国际化过程中的成长能力很大程度上取决于企业所拥有的

有形与无形的资源，技术的不断进步和信息的迅速传播，使资源向多样化、复杂化、全球化的趋势发展，企业必须拥有能在全球范围内整合技术、信息等资源的能力并能快速把整合的资源应用到企业的国际化发展中去。虽然相对于大型跨国公司的资源禀赋来说，中小型企业的全球化资源毫无优势，但是通过建立关系网络，可以帮助“天生全球化”企业获得所需的全球资源，抓住全球市场中稍纵即逝的机会。因此，对“天生全球化”企业来说，更加需要全球资源的整合能力，只有在技术、运营模式、国际化管理等方面保持国际领先水平，才能弥补其先天资源不足的缺陷，提高创业与成长的必备能力。

企业获取全球资源需要建立和发展一定的关系网络。企业国际化网络模型理论认为，企业的国际化是一个企业网络不断建立、发展、维持并扩大的过程，广泛的国际社会网络对企业向国际化方向迈进具有重要的激励作用。社会网络对所有企业的国际化活动都具有越来越显著的影响，对“天生全球化”企业来说更是如此。拥有广泛的国际社会网络对中小企业的国际化活动具有关键影响，发达的社会网络不仅能为中小企业在国际化之前提供有关的知识和经验，而且也是其国际化之后在全球范围内有效运营的基础。朱吉庆等（2009）及维达（Vida，2000）在研究“天生全球化”企业的基本特征相关问题时提出，国际社会网络通过四种作用机制影响中小企业的国际化行为。（1）资源获取机制，网络关系能帮助“天生全球化”企业克服国际化进程中的资源限制和知识匮乏的“瓶颈”，减少企业在国际化过程中的障碍。（2）国际化风险与成本降低机制，企业通过与网络中各成员加强合作，可以有效降低企业国际经营的风险。以信任和互惠为基础的网络关系可以克服初创企业在国际市场上的种种劣势，以及信息不完全和环境不确定带来的风险，为新创企业成功实施国际化经营提供保障。（3）信息与机会获取机制，特别是在初期阶段，及时获取决策所需的市场信息能够加快企业国际扩张的速度。（4）海外渠道获取机制，通过客户关系或与海外合作伙伴建立战略联盟及其他形式的合作战略进入海外市场。

（二）整合国际经验

创业企业的全球能力构建过程往往由企业家主导，因此企业家是否具有国际视野、是否曾有国际化学习和工作经验、是否具有企业家精神等，很大程度上决定了该企业的全球化路径甚至结果。

创业企业家对“天生全球化”企业而言至关重要。熊彼特认为，企业家精神就是做别人没有做过的事，或者是以别人没有过的方式做事，或者是它们的组合，创新是企业家精神的本质。企业家在企业全球化过程中要勇于承担风险，富有进取精神、敬业精神、强烈的成功欲望以及事业心。企业战略的选择也受到企业家精神的直接影响：何时进入国际市场、进入的深度与广度、进入的形式等。从“天生全球化”企业的组建到其国际化战略的形成，再到实际满足全球利基市场的需求，每一个环节都离不开企业家的创造性劳动。考虑到国际市场比国内市场更大的不确定性和风险因素，以及“天生全球化”企业相比传统跨国企业更脆弱的事实，只有那些有很强的企业家精神的企业才能在创立之初就勇于承担全球化经营的风险，并通过寻求利用多种资源创造竞争优势，实现企业的国际化战略。

企业家的学习能力影响“天生全球化”企业的国际扩张。独特的学习优势是“天生全球化”企业产生发展的重要动因，在企业全球化进程的早期，企业家学习能力可以帮助企业获得增长的机会，因此企业家学习和探索新知识的能力必然影响企业国际化的速度。如果企业家的学习能力很强，就能主动搜寻国际市场的信息，结合原有的知识与经验，将其内化为适应国际市场需求的产品。若企业家具有很强的学习能力，企业的吸收能力就会增强。科恩（Cohen，1990）等认为，企业的吸收能力就是认识并吸收新信息的价值，并运用到商业环境中的能力。

“天生全球化”企业快速国际化的过程，实际上就是将新技术和知识在国际市场上迅速商品化的过程，因此吸收能力是关键因素。对“天生全球化”企业来说，企业家的学习能力使它们能够利用自身国际化、行业经验与知识，不断地获取产品国际化所需要的新知识，同时将这些知识内化到企业之中，使之商品化并迅速投入国际市场。这种学习能力除了加快技术的商业化，缩短企业从成立到国际化的时间外，还能使企业更快地适应国外的社会经济环境和组织运作管理方式，克服心理距离的障碍，加快国际化进程。

对“天生全球化”企业而言，瞄准国际利基市场，适应性地推出针对特定用户的定制产品是其赢利的重要方式，其主要竞争优势在于对产品的不断创新，因此即使传统行业也存在“天生全球化”企业，但是大多数企业仍然集中于高技术行业，这时，创新与吸收能力就成为企业的核心竞争力。

1. 加强研发，获得先进技术

知识与技术是企业克服成本劣势进入国际市场的基础，也是其保持长期竞争力的关键因素，而研发活动则是新知识和新技术的活力源泉。科恩等人（1990）的研究表明，越是具有高研发能力的企业越倾向于积极寻求国际市场的发展机会。特别是对“天生全球化”企业来说，研发活动的意义更加重大。因为相比于大型跨国企业，中小企业的市场竞争压力更大。巴尼（Barney，1991）基于资源基础论的观点认为，企业的市场竞争力取决于其拥有的有形和无形资源的数量和质量，对资源比较缺乏的中小企业而言，为了在竞争激烈的国际市场上维持生存和发展，必须集中有限的资源形成自身的核心竞争力，而且这种核心竞争力必须随着环境的变化而动态提升。创新活动对形成一些独特的、不可移植的资产具有重要影响，因此被认为是中小企业形成核心竞争力的途径，而且为了保持并不断提升自身的市场竞争力，中小企业必须更快、更积极地进行技术创新。麦卡日尼等（1999）的一项实证研究表明，“天生全球化”企业的研发强度确实显著高于传统国际化企业。

对后发国家和地区来说，由于技术水准和市场隔离的限制，它们主要通过技术引进和二次创新来实现技术的追赶，因此后发国家和地区需要引进成熟的技术，在逐步消化吸收的过程中形成自身的技术能力和 R&D（研发）能力。传统行业的“天生全球化”企业的出口产品也多是标准化、技术成熟的产品，然而如果这类企业不继续追求技术创新，不追求更高水平的国际化，就会逐渐被市场淘汰。高科技行业的“天生全球化”企业往往积极主动寻求技术突破与创新，不断提高其所处市场分工价值链的地位，从模仿者、跟随者转变为创新者、引领者。

2. 重视吸收，有效抓住商业机遇

关于吸收能力影响国际化活动的一个主流观点是，更高吸收能力的企业通常有更强烈的意愿进入国际市场发展。国际化活动对

“天生全球化”企业的吸收能力提出了更高的要求。首先，“天生全球化”企业在国内市场经营的时间较短，积累的国际市场网络还不完善，国际化经验也有限，主要依靠企业家个人的国际化经历与网络关系，因此需要有更强的吸收能力才能有效地发现并利用国际市场的商业机会。其次，“天生全球化”企业国际化后会面临更大的市场竞争压力，面对全球的竞争者，企业必须具备高效的学习能力，尽快掌握国际市场的经营管理知识。另外，国际市场的变化更为迅速，因此企业的吸收学习能力需要具备动态可提升性，以应对市场的变化。相关研究也确实证实了成功的“天生全球化”企业更擅长在国际市场上不断吸收学习，特别是当企业家采取更复杂的国际化路径时。

我国的“天生全球化”企业也在不断涌现，大疆创新科技有限公司（简称大疆科技）就是具有代表性的成功案例（见表6.2）。大疆科技研制的民用无人机占据全球民用无人机市场份额的70%，作为一家典型的“天生全球化”企业，大疆科技国际化的驱动力量很大程度上来源于企业家才能。大疆科技的创始人汪滔从小就对飞行器感兴趣，在香港科技大学就读时就成功开发了一套直升机飞行控制系统。研究生毕业后，汪滔和几位同学开始在深圳创业。创业初期由于资金短缺以及市场前景不明等因素，企业举步维艰，直到获得了9万美元的天使投资之后，企业才开始步入正轨。汪滔在研发产品的同时，开始探索海外市场。他将产品提供给国外资深发烧友免费试用，然后根据反馈建议不断改进产品性能。同时他还带着自己研发的无人机参加了国外的一些小型贸易展，在推销产品的同时获得了很多海外市场对无人机的需求信息。2013年，大疆科技推出了一款畅销产品——精灵 Phantom，该产品是一款入门级飞行器，简洁易用，坠落不易解体，市场价仅 679 美元。在几乎没有任何市场投入的情况下，精灵 Phantom 成了一款全球畅销的产品。随着企业对海外市场的不断深耕，大疆科技在全球的市场份额也不断攀升，目前，大疆科技已经成为年销售收入超过 100 亿元的创新科技公司，其中 80%的收入来自海外市场。

【新实体企业：大疆创新科技有限公司】

表 6.2　大疆创新科技有限公司简介

公司	大疆创新科技有限公司	英文	DJI-Innovations，DJI
定位	全球领先的无人飞行器控制系统及无人机解决方案的研发和生产商	创立时间	2006 年
创办人	汪滔等	网址	http://www.dji.com

大疆创新科技有限公司一直将技术创新作为企业发展的生命，始终坚持自主创新的理念和发展方向。大疆科技在国际化过程中不断推进技术进步，每年都有新产品问世，每一代产品都实现了技术的大幅提升：2012 年的精灵 Phantom 1 将无人机推广至大众消费市场；2013 年的精灵 Phantom 2 实现了使用者终端控制与拍摄；2014 年的“悟”Inspire 1 能够自动收放起落架；2015 年的精灵 Phantom 3 可实现两公里以内的高清数字图像传输，以及室内自主悬停。即使面对越发激烈的竞争环境，大疆科技仍然坚持对技术的创新和对消费者体验的追求，力图用足够的技术创新筑起市场壁垒。大疆科技拥有全球最大的无人机研发团队，核心研发人员约 800 人，研发资

金占销售额10%以上，而且不设上限。

大疆科技的全球化战略布局非常有远见。在创业初期，大疆科技就在业余爱好者和专业航拍领域有了一定的知名度。在获得一定品牌声誉后，大疆科技开始通过各类国际赛事和国际社交平台持续推广产品。大疆科技曾在全球主办了多场照片和视频比赛，鼓励用户将作品上传到社交及视频网站上分享，以此吸引更多没有经验的消费者试用大疆科技的产品。2015年大疆科技利用其“悟”Inspire 1直播了在洛杉矶举办的Air+Style单板滑雪比赛，开创了无人机大型直播的先河。

大疆科技作为“天生全球化”企业的成功，给大量处于全球化浪潮中的中小企业以启迪。第一，全球化企业应该立足全球市场。大疆科技的目标消费人群主要是一些无人机发烧友、摄影广告工作者等，如果将目光仅仅局限于一国市场内，其消费能力可能无法维持企业的生存，如果将市场拓展至全球，就有了不一样的结果。开拓全球市场的同时，企业也要从国际化品牌的高度出发，进行产品的研发、设计、包装以及宣传和销售。第二，针对某一特定人群细分市场，深耕产品需求，是创新企业实现市场突破的捷径。在个性化时代，品牌以个性化取胜，注重用户体验，不断对产品改良，以用户需求为导向，精益求精，是大疆科技取得成功的秘诀，也是众多中小企业可以借鉴的。第三，技术仍然是创新企业在全球市场的核心竞争力。从大疆科技的经验来看，进取精神对企业建立初期的发展方向有重要影响，一支有竞争力的研发团队能为企业后续发展提供源源不断的创新动力。

第七章

新一代领袖：新实体发展的原力

创新应当是企业家的主要特征。企业家不是投机商，也不是只知道赚钱、存钱的守财奴，而应该是一个大胆创新、敢于冒险、善于开拓的创造型人才。

——熊彼特（奥地利经济学家）

新一代企业领袖是指那些能够适应新政治和商业环境、持续促进所在企业的业务单元成长，并能担纲全球化战略需求的领导人。对新实体经济的发展来说，一大批能够代表整个组织未来的领袖级企业家，对行业和社会的作用也极其重要。现代社会的客户或消费者需要的是解决方案而非产品，企业需要在不同功能、地区和业务单元之间分享资源以实现效率的最大化，领袖级的管理者需要掌握集团全局的状况，才能更好地应对当前的环境。

创新是企业家的灵魂，是企业家精神的核心。然而创新的另一面应是坚守。新一代企业家要在工作中有所创新，更要不忘初心，有所坚守，在自身发展的同时，不忘尽一己之力回馈社会。企业家是财富的创造者，更应对国家、民族和社会怀有责任感，还应积极投身公益慈善事业。这种家国情怀是企业家精神的题中应有之义，更折射出企业内在的“软实力”。此外，新一代企业家天然被打上了“天生全球化”的印记，即新一代企业家需要熟谙全球化企业的运作方式，彰显创建“天生全球化”企业的独特能力，引领“天生全球化”企业在世界市场中竞逐决胜。

一、担纲新实体

（一）期盼更多具有全球观的企业家

在新一轮全球化浪潮中，跨国公司提供了经济全球化的微观组织基础，它们通过在全球范围内配置生产要素、形成全球性的生产网络而加速了资本的国际流动，深化了国际分工协作，因而成为经济全球化的最高表现形式和全球经济增长的主要推动力量。跨国公司主导的对外直接投资快速增长，成为国际贸易增长的主要动能。截至 2016 年，已有 10 万家跨国公司及其 86 万多家子公司，全球 FDI（外国直接投资）总存量与同期世界 GDP 增长的比例高达 35.38%。此外，由于跨国公司的迅猛发展，国际贸易的很大一部分已属于跨国公司的企业内贸易。截至 2015 年，全球 80%的贸易是由跨国企业一体化生产网络，即由跨国企业的对外投资推动。可见跨国企业的国际投资已取代国际贸易成为全球化的最主要特征。

以跨国公司为代表的国际化商业企业是全球经济发展的关键驱动因素。第一，主导的全球生产网络成为国际贸易的主要内容，其经济活动构成了世界经济活动总量的重要组成部分。截至 2016 年，跨国公司掌控的外国子公司创造的附加值达 8.4 万亿美元，占全球 GDP 的 11.06%。第二，它是面向市场竞争的主要创新主体，例如 2002 年，发生在跨国公司内部的技术支付就占 FDI 流量的一半，跨国公司还控制了 80%的技术转移及民用技术的研究与开发。第三，对高新技术和第三产业的投资扩张促进了产业结构的调整，图 7.1

例证了 FDI 主要流向服务业的趋势。第四，推动世界各国尤其是发展中国家经济体制的市场化，造就了世界经济运行和发展的微观主体，因而成为推动全球经济发展的关键力量。

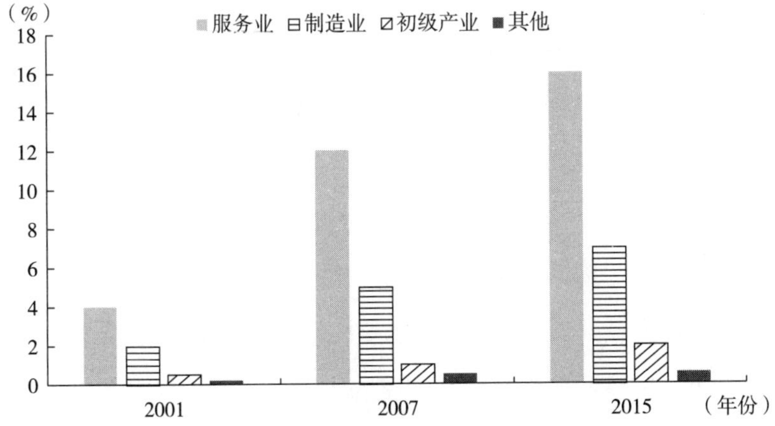

图 7.1　全球吸收 FDI 存量分产业情况

资料来源：《2017 年世界投资报告》（unctad. org）。

跨国和全球化企业对世界经济的发展起到如此重要的作用，作为领导优秀企业的管理层、负责人成为成功的关键因素。如何培育一批在未来世界舞台上具有竞争优势，并且能够引领新实体增长的企业家，是新实体经济发展的前提。这些企业家必须具备传统企业国际化不具备的一些新特征，才能成为中国新实体经济未来突破的曙光。能驾驭“天生全球化”的企业，以及能引领增长的新一代企业家，必须学会从全球看世界。

（二）企业家的关键特质

全球利基市场的增多、通信技术的进步以及小企业本身所具有的灵活快速反应能力，是“天生全球化”现象出现的外在原因；企业家的组织学习能力与国际化经验，是对“天生全球化”企业的诞生具有决定作用的内在特质。

学界在“天生全球化”企业的讨论中，对企业家特质的关注也在增加。科奈特（Knight）等认为，“天生全球化”企业是指在成立后三年便开始出口，而且对外销售的份额达到 1/4 的中小企业。欧万特等（1994）认为，“天生全球化”企业是从成立的初始阶段就使用多个国家的资源以及在多国市场中销售产品以获得重要竞争优势的企业组织。杨忠等（2007）对“天生全球化”企业进行持续成长驱动力研究，强调了企业家的重要性。“天生全球化”企业具有一些新的特征：将世界市场视为完整的大市场，而不仅是国内市场的延伸；初创不久就从事出口，且在总销售额中，出口额很快占到相当大比例；往往是由年轻活跃的企业家携独特的产品创意或重大突破的技术成果而创立；产品中一般为包含较多价值增值的工业用品。

首先，利基市场的增加是“天生全球化”企业赖以生存的客观空间，但发现和运作好利基市场是企业家最突出的能力。随着全球市场专业化程度的不断提高，出现了许多大型跨国公司忽略或者无力涉及的需求较小但具有增长潜力的利基市场。正是由于“天生全球化”企业无力与大型跨国公司在其优势行业展开正面竞争，所以很多“天生全球化”企业创立之初的目标就定位在全球利基市场。虽然单个利基市场需求可能较小，但一方面其增长潜力巨大，另一方面全球利基市场的总量也十分惊人。选择利基市场不仅规避了与大企业的直接较量，还可以寻求与大企业合作。

其次，企业国际化之初往往通过既有网络关系打通与海外市场的联系，需要企业家的个人特质，从而进一步拓展国际市场网络。尤其对资源和知识贫乏的“天生全球化”企业来说，其国际化之路十分困难，例如借助企业创立者及高层管理团队的网络关系，就可以进入与母国地理和文化距离都较远的国家市场，大大克服资源的限制而顺利进行国际化。

最后，在企业国际化之前，由企业家主导对有关国际化运营经验和国外市场的组织学习，可以加快企业的国际化进程。对“天生全球化”企业的国际化而言，组织学习更多体现在创立企业家和高层管理者对国际化经验的学习。这与企业家海外教育背景、海外生活和工作经历密切相关。拥有海外相关经历的企业家更愿意且具备能力进行国际化运营，并能有效减少经营风险，降低资源整合的成本。安德森（Andersson）等（2003）提出，“天生全球化”企业的创建，以企业家和高管团队拥有国际化经验或海外市场知识为前提，已被多个案例和经验研究所证实。

毫无疑问，正是受到企业家渴望成功的自尊心、主动承担海外市场不确定性的勇气和进行国际化的偏好等精神的影响，企业才会在创设不久便做出国际化的战略抉择。而在纷繁复杂的非均衡世界市场中，找寻客观存在的利基市场的机会更需要企业家具有敏锐的洞察力和对未来的预见力。人们普遍认为，对“天生全球化”企业的出现具有决定作用的应是微观的企业内部特征。由于“天生全球化”企业大多是创设不久就开始进行全球化的中小企业，此时企业家或核心高管在企业战略决策中居于核心地位，因此企业家的经验能力和精神等特质对“天生全球化”企业的出现起到决定性作用，唯有如此方能解释为什么在同样存在利基市场机遇的情况下，有些企业选择了深耕本土，有些企业选择渐进式的全球化之路，而有些企业最终成为“天生全球化”企业。

二、企业家精神：新实体旗帜

伟大的企业家能力和卓越的企业家精神，最终会造就基业长青的公司，为世界市场供给适应时代的优质产品和服务，这是“天生全球化”企业持续生存与发展的重要原动力。新一代企业家对新实体经济发展的意义重大，营造更好的环境才有利于诞生拥有这些特质的企业家。

（一）弘扬企业家精神

新一代企业家能力和精神对经济建设至关重要。当前中国正在大力推动“大众创业，万众创新”。2017 年 9 月 25 日，中共中央、国务院发布了《关于营造企业家健康成长环境　弘扬优秀企业家精神　更好发挥企业家作用的意见》，指出企业家是经济活动的重要主体，营造企业家健康成长的环境，弘扬优秀企业家精神，更好地发挥企业家作用，对深化供给侧结构性改革、激发市场活力、实现经济社会持续健康发展具有重要意义，这是中央首次发文明确企业家精神的地位和价值。该文件的落实将进一步提升社会对创业者和企业家的认可，然而对“天生全球化”企业形式的创业鼓励和支持还不十分显著。政府应着力宣传跨国公司在世界经济中扮演的角色，以及“天生全球化”时代背景下，新的全球化公司对未来中国新实体经济发展的重大意义，并增加青年学生与全球化公司乃至世界各国企业交流沟通的机会，让青年人拥有全球化眼光和对全球化企业的价值认同。

从企业家能力品质的角度来看，对全球高技术利基市场的洞见力高度依赖于既有的专业知识或国际化经验。一方面，加大青年学生与海外高校的科研、商务交流有助于增加青年学生专业技术知识和商业化能力，提高未来诞生一批既掌握高精尖科技又拥有国际化视野的新一代企业家的概率。另一方面，中国许多领域的高端科研和企业人才正处于慢慢与世界领先者站到同一平台的临界时刻，边际投入的增加将对高端人才是否回国的选择产生重大影响。加大对海外高端人才的引进以及鼓励支持其创业的投入，将使更多真正拥有创设“天生全球化”企业能力的人才归国从事创业实践。对企业家自身而言，要充分发挥组织学习和关系网络的作用，选择适合自身的市场进入模式之前，要制定清晰、适时修正的全球化发展战略和方向，根据自身资源禀赋和经营能力结合市场定位来选择恰当的全球化步骤。

（二）锤炼企业家品质

企业创设之初进行全球化并不都是一帆风顺，何况真正对实体经济发展起引领升级作用的，是培育一批在各领域处于领先地位的前沿性企业。应关注锤炼什么样的企业家品质，才有利于“天生全球化”企业出现之后继续成长，发展成某些领域的领军企业。

1. 面临风险，积极应对

“天生全球化”企业产生的主要原因在于全球利基市场的客观存在、企业组织学习、关系网络以及企业家能力和精神品质。随着企业国际化经营的深入发展，这四个要素的作用都在变化，可能无法满足继续发展的要求，之前建立的优势随时可能丧失，从而面临新的挑战。

首先，“天生全球化”企业产生的重要客观条件是存在全球利基市场。由于它本来就是一个需求量较小的市场，所以市场的变化也更为快捷。企业面临这样的市场会有难以预估的风险。

其次，企业的组织学习集中体现在企业家及核心高管身上，在科技日益进步、信息知识大爆炸的时代，其组织知识优点很容易被竞争对手模仿，从而逐渐丧失先发优势。当时较为先进的组织知识很快会被更先进的知识替代，同样会使企业组织知识优势消失，导致发展滞缓。

再次，“天生全球化”企业初期的关系网络主要来源于企业家个人的关系网络，随着企业走入正轨，企业在国际化经营过程中新建立的关系网络开始成为企业生存发展的主要支柱，如果国际化经营过程中关系网络的构建有所欠缺，势必将影响企业后期的增长劲头。

最后，随着企业全球化进程的深化，企业家面临的市场更为复杂，会遇到许多诸如企业跨国协调、控制和沟通问题，面临其他大型跨国企业的强势竞争问题等。如果企业应对失当，则有可能陷入无奈退出国际市场的境地。

2. 迎接挑战，丰富品格

为有效应对“天生全球化”企业可能面临的挑战，微观内在的企业家品质和品格的丰富始终是关键要素。

一是决断力和洞察力。积极开展对利基市场现状的分析和对未来的研判，将有助于企业重新规划布局自己所分配的资源，使企业始终能对有限资源进行最优化调配，保持自身的成本优势或效益优势。从这一角度来看，企业家优秀的决断力和对未来的分析洞见将有助于企业始终在竞争中占据先机，使企业快速适应市场变化，及时调整企业经营方向，重新配置市场资源。

二是持续改进。为了防止组织知识被其他企业效仿，市场由于产品替代而发生萎缩，需要企业建立良好的组织学习环境，提高核心技术和知识的研发速度与适配程度，使企业持续保持行业的领先地位。因此企业家对组织架构的建设和管理的关注尤为重要，只有聚焦良好的企业文化和组织管理的建设，才能有效组织和带领员工应对不断出现的新困境。

三是整体资源意识。支持企业进一步发展所需的资金、信息、渠道和客户的关系网络同样需要企业家协调好管理者和员工等利益相关者的利益分配，构建良好稳定的组织体系，管理好复杂的全球化企业，从而更有效地维系和扩展企业关系网络。

三、新一代企业家是稀缺的供给要素

只有培育出能开创“天生全球化”企业的新一代企业领袖，未来才能造就一批引领世界经济增长的全球化企业。“天生全球化”企业的高新技术、先进创意和实体经济等特征，对领军人物提出了全新的要求。创立“天生全球化”企业的企业家拥有与其他企业家迥异的特征，具体来说，“天生全球化”的企业家特质已成为新实体经济时代的最重要供给因素，主要表现见表 7.1。

表 7.1 “天生全球化”的企业家特质

特质	阐述
阐明目标	提出非常清晰的全球化依据和方向。这一依据和方向应是聚焦于利基市场的技术研发。企业因掌握高新科技或先进创意而创设，在随后的发展过程中也更注重加快产品和服务的升级换代，提供新的具有广泛需求的有效供给
建立联盟	与总部设在其他国家的大型企业建立合作关系，就能迅速进入全球市场。在与全球合作伙伴沟通时，必须跨越地理距离和心理距离
资源配置	注重在全球范围内优化资源配置，寻找成本低廉的劳动力和资本。适应市场变化，及时调整企业经营方向，有利于提升制造企业的全球竞争力
全程管理	富有管理跨国企业的能力，构建良好的企业文化，有效组织和带领员工冲出困境，走向广阔的天地

（一）开创利基市场，阐明目标

企业家通过经验、能力和品质，针对不同发展因素的中介效应来促进企业发展。随着科学技术的不断更新换代，企业将因为新的科技成果的应用和扩散而重新失去竞争优势，所以企业家需要不断学习、始终站在时代前列，勇于创新的精神是“天生全球化”企业兴旺发展的不竭动力。因此企业家一定要持续聚焦开创独特的利基市场，针对市场需求加快产品和服务的升级换代，不断为目标市场提供新的有效供给，从而贡献新实体经济发展的不竭动能。

在许多领域的技术创新阶段，大型跨国公司由于人才储备、技术专利和资金等资源的雄厚实力，往往主导了重大科技的研发进程，使我们长期停留在产业链底端而难以实现转型升级。“天生全球化”

企业的优势，在于寻找大型跨国公司未涉足但需求前景较好的利基市场，并通过致力于技术突破来成为该领域的领导者，企业家要坚定地推行这一战略。全球最大零售交易平台阿里巴巴一度以商业模式的创新而获得巨大成功。即便如此，阿里巴巴仍然不敢有丝毫松懈，在 2017 年杭州云栖大会上，宣布正式成立以进行基础科学和颠覆式技术创新研究为目的的研究组织“达摩院”。未来三年内，阿里巴巴在技术研发上的投入将超过 1000 亿元。“达摩院”的成立是为了弥补阿里巴巴在技术上的不足，它也是阿里巴巴进行创新的发动机。“天生全球化”企业聚焦于利基市场，这也是引领新实体经济焕发生机的关键一招。

（二）迅速获取客户，建立联盟

“天生全球化”企业家要有新的客户意识，要针对目标客户，而不是简单地从竞争角度出发，与大型战略伙伴建立联盟也是重要的方法。由于定位于全球利基市场，与大型跨国公司不仅不构成直接竞争关系，反而由于产品互补可以与大型跨国公司合作共赢。借助大型跨国公司的力量可以实现迅速进入全球市场的战略布局。例如，生产优质低碳节能建筑材料的中国企业，在“一带一路”沿线的东欧和中亚地区能发现巨大的市场商机。响应“一带一路”倡议“走出去”的主力军央企，在高铁、核电、特高压输电设备等基础设施产业上已经具有较强的竞争力，因而很容易打开国际市场。如果这些企业与大型央企精准对接、优势产品互补，则可以凭借自身的技术创新优势获得广阔的发展空间。

（三）全球调动资源，优化配置

新一代企业家不仅要通过管理升级、技术创新、开展电子商务等手段提高竞争力，获得进一步发展空间，也要学习在全球范围内调动和配置经济资源，如通过海外投资建厂开拓国际市场，为企业生存发展开辟一条新路。以印度中国工业园中的一批中国中小企业的发展为例，它们抓住了可媲美中国“黄金二十年”的历史性投资机遇。一方面，印度国内经济持续高速增长，成为经济增长最快的新兴市场国家，并且印度有70%的消费者喜欢中国商品，所以其存在广大而有潜力的市场。另一方面，印度13亿人口中，35岁以下人口占比超过60%，劳动力资源极为丰富，非常适合发展劳动密集型产业，有助于实现低廉劳动力成本的规模发展。

（四）全程精细管理，跨国协调

由于快速的国际化，对“天生全球化”企业的企业家的跨国协调管理能力的挑战也尤为严峻。对“天生全球化”的制造业或服务业企业来说，跨国协调管理组织的经验能力决定着企业的发展成败。以某英语教育公司为例，其定位是为5~18岁的青少儿提供高品质的在线1对1外教课程服务。该公司拥有全职外教3000余名，教师们分布在美国、英国、南非、澳洲、菲律宾等以英语为母语的国家，学员包括中、日、韩等多个国家和地区。如何有效地招聘掌握地道英语的教师，以及如何实现跨国授课并保证服务质量，就需要跨国协调管理和组织能力，更需要构建不同国家和地区统一认可的企业文化。企业家主导公司采取授课老师和学员在自主研发的平台上沟通交流的方式，根据双方的地域时差和节假日情况合理安排调整课程时间；通过分别了解英语为母语的国家和英语为非母语的国家的文化，选择广告营销策略，扩大品牌知名度，从而顺利选聘到出色的外语教师，招收大量学员，实现企业的快速成长。

新一代企业领袖对引领“天生全球化”企业，从而助推新实体经济发展的意义重大。马云讲，在他看来有三类人：生意人创造钱；商人有所为、有所不为；企业家为社会承担责任，为社会创造环境。毫无疑问，新一代实体领袖都指向第三类人。

【新实体企业：VIPKID 在线少儿英语】

表 7.2　VIPKID 在线少儿英语简介

公司	VIPKID 在线少儿英语	英文	VIPKID
定位	少儿国际教育品牌，致力于为“有趣、独立和好奇”的“新家长、大小孩”打造原汁原味的外教 1 对 1 在线美国小学课堂	创立时间	2013 年
创办人	米雯娟	网址	www.vipkid.com.cn

VIPKID 在线少儿英语（简称 VIPKID）创立于 2013 年底（见表 7.2），是大米未来科技有限公司旗下的少儿国际教育品牌，它致力于整合全世界最优秀的北美外教，为中国小朋友提供极致、高效的英语学习体验。通过 1 对 1 实时在线视频学习平台，让中国小朋友和北美外教进行在线连接。VIPKID 目前针对 4~12 岁小朋友，提供北美外教 1 对 1 在线学科英语课程。旨在为 4~12 岁孩子提供纯正的英语语言学习及美式教育。2014 年 6 月 1 日，VIPKID 学习平台上线。作为在线少儿英语行业的领头羊，VIPKID 在互联网浪潮下正扬帆起航，破浪前行。截至目前，VIPKID 共有超过 260 万名注册用户，付费用户超过 20 万，并有 3 万多名北美外教为中国小朋友的英语学习保驾护航。

作为一家汇集全球资源的初创企业，VIPKID 持续将工作重心放在教学研究、平台完善和运营能力拓展上，为更多孩子带来足不出户就能体验美国小学的机会。让孩子在未来不受语言和地域限制，自由行走于这个星球。在教学及师资储备方面，VIPKID 的教研团队对外教老师不断进行培训和考核，保证充足教师资源储备的同时也要保证高质量的教育教学。而作为创新的互联网公司，保证网络平台稳定，带给学生和家长良好的体验也是 VIPKID 的工作重心。作为一家拥有互联网基因的教育机构，VIPKID 未来也将在科技提升教育的道路上不断探索。

第八章

新投资范式：新实体发展的推手

集中投资那些总收益与市场价值会多年不断上涨的企业。如果你了解一家企业，如果你对它的未来看得很准，那么很明显你不需要为安全边际留出余地。

——沃伦·巴菲特（美国投资家、慈善家）

投资在一定意义上属于金融行为，但与实体建设和创新创业都密不可分。伴随着实体经济的发展，产业和创业投资应运而生，两者相辅相成，对立统一。投资可以为实体经济的发展提供资金支持，使实体经济能够正常运转；实体经济的发展也对金融体系有“反哺”作用。在一个正常运转的经济体中，实体经济与投资之间的循环是良性互补的。

一、以投资效率衡量实体经济

（一）改善投资边际效率

中国过去40年的经济增长主要依靠投资和出口拉动。研究发现，资本要素一直是中国经济增长的主要动力，这主要得益于改革开放使劳动力和资本都得到了更有效的配置，流向生产效率更高的产业和领域（见图8.1）。2003年后的十年间，中国年均GDP增长达到惊人的10.5%，而其中资本积累贡献达到6.9%。这主要是由于2001年中国加入WTO（世界贸易组织）后，修订和完善了有关投资和贸易的法律法规，市场开放程度不断提高。

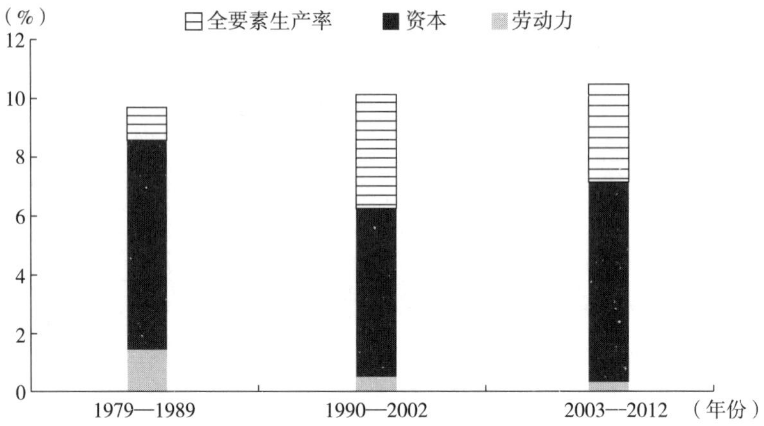

图 8.1　1979—2012 年中国经济的增长来源

资料来源：牛津经济研究院。

近年来投资的边际效率不断下降。增量资本产出率（ICOR）是衡量宏观经济投资效率的常用指标，反映增加一单位经济产出所需要的投资增量，增加产出所需要的投资越低，即 ICOR 数值越低，表明投资效率越高。公式为 $ICOR=\frac{1}{\Delta GDP}$，I 为资本存量的变动，即资本形成总额，ΔGDP 为产出增量。2016 年的 ICOR 将近 6%，比 2010 年的 3.07%翻了近一倍，这表明中国的投资效率在过去一个时期内有所下降（见图 8.2）。

投资对服务和支持新实体经济有不可替代的作用，要多角度入手改善投资的边际效率。持续优化投资结构，将资本引向新产业、新商业模式，激励科研、创业人员创新热情，改善投资环境，提高投资效率，是新实体经济发展的重要推动力。

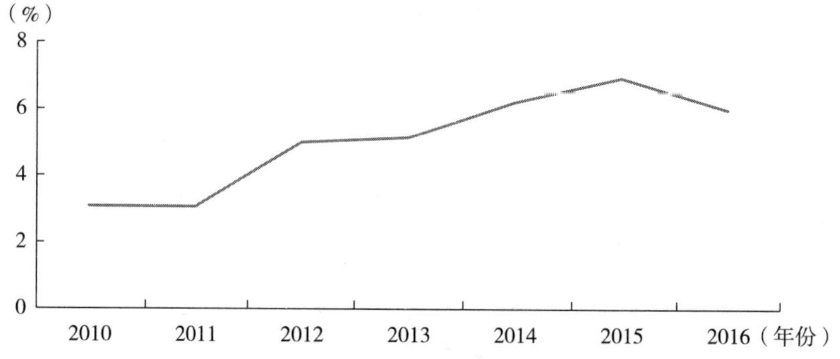

图 8.2　2010—2016 年增量资本产出率

资料来源：Wind 资讯。

（二）释放民间投资活力

民间投资是指民营企业建造或购置固定资产的投资，包括厂房、机器、运输工具等，民间投资的波动直接反映了民间实体经济的活跃程度。

在经济转型的大背景下，随着国家对民营企业的支持力度不断加大，近年来民营企业对我国 GDP 的贡献超过了 60%，也成为税收的主要来源和就业的主要载体。但 2012 年以来，我国民间投资增速达到最高点 24.8%之后便开始连年下降，到 2015 年 10 月已降至 10.1%，特别是 2016 年后，民间投资增速经历了“断崖式”下跌，到 2016 年 8 月跌至惊人的 2.1%。2016 年下半年开始，民间固定资产投资增速缓慢回升，但是截至 2017 年上半年仍然在 7%左右，重回“双位数增长”的时代似乎很难（见图 8.3）。

民间投资的活力如何进一步释放，值得深入研究。结合三大产业分布发现，近年来民间投资在三大产业均出现不同程度的下滑

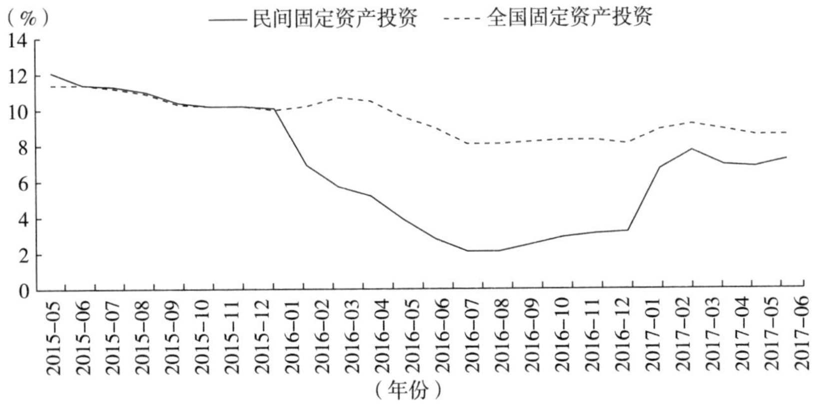

图 8.3　民间固定资产投资和全国固定资产投资增速

资料来源：国家统计局。

(见图 8.4)。其中第一产业在 2016 年后下滑最为明显；第二、第三产业经历了一年的下滑后出现了缓慢回升的趋势，尤其是第三产业，在 2017 年后显著回升，与第一产业的颓势形成鲜明对比。从行业来

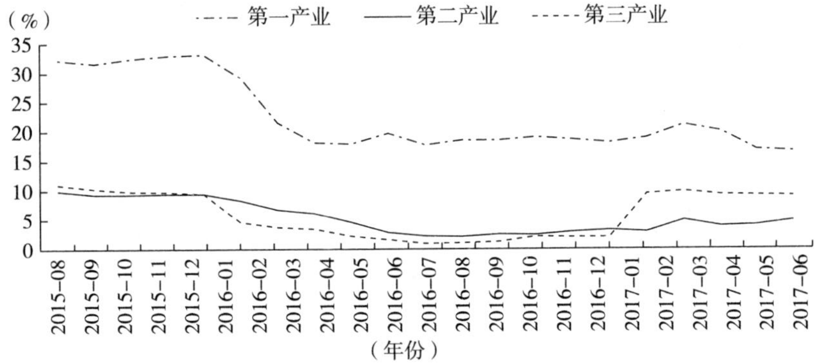

图 8.4　中国三大产业的民间投资增速变化

资料来源：国家统计局。

看，制造业是民间投资增速整体下降的主要来源，2016 年 6 月制造业投资增速首现负增长，从 4.6%降至 3.3%。在第三产业中，民间

投资主要集中在房地产业和批发零售业，鉴于社会消费品零售总额基本保持稳定，因此第三产业中的民间投资增长波动，很有可能是由房地产行业的民间投资波动造成的。2016 年年底以来第三产业的民间投资增加，一定程度上表现出民间投资结构的优化过程，不断深化经济改革才能实现这一趋势的长期稳定。

（三）强化投资者信心

投资增速下滑是中国经济在“新常态”时期整体面临下行压力加大时出现的。全球经济的持续低迷也使中国对外贸易的外部需求疲软，外汇储备流失使经济下行的压力进一步加大。因此无论是民间投资还是外来投资，都表现出更加谨慎的态度。

实体经济的发展环境恶劣，也导致民间投资的增速下滑。房地产等部门不断挤压实体经济的生存空间。蔡云芝（2017）提出，发展房地产最初是为了刺激内需，扩大就业，解决资本过剩问题，从而实现经济增长，但是随着房地产的发展，其高额利润吸引了过多社会资本进入。目前我国 32 个省会城市和直辖市中，房地产投资连续多年占 GDP 60%以上的有 5 个，40%以上的有 16 个。而按照国际房地产运行的“1/6 理论”来看，一个家庭买房租房的支出最好不超过其相应收入的 1/6，一旦超出就会影响正常生活，这对城市和国家的房地产投资来说也是适用的。2016 年全国人民币贷款余额 106.6 万亿元，同比增长 12.8%，其中房地产贷款余额占比超过 25%，而同期房地产对 GDP 的贡献只有 7%左右。在贷款方面，2016 年全国贷款增量的 45%来自房地产，挤占了大量金融资金，导致更多紧缺资金的实体经济生存环境越发艰难。

各界在共同努力提振民间投资的信心。在市场准入方面，国家密集出台了各种对民间资本的扶持政策。2016 年 7 月，在对民间投资状况进行深入调查后，中央印发了《关于深化投融资体制改革的意见》；2016 年 11 月，中央出台了《关于完善产权保护制度　依法保护产权的意见》；2017 年 3 月，国务院发布了《关于进一步激发社会领域投资活力的意见》，在一定程度上改善了民间投资的发展环境。但政策落实到地方时，由于缺少具体的实施方法与细则，在实际工作中可操作性不强，政策效果大打折扣，在关键领域的投资途径仍然被一些特殊利益集团牢牢把持，民间资本投资无门，这一问题仍有待解决。

另外，民间投资主体在税收、审批、融资、行政服务等方面也常常面临不公正的待遇。民间资本参与政府和社会资本合作（以下简称 PPP）就是一个典型的例子。2013 年起，社会资本首次被允许通过特许经营的方式参与城市基础设施投资和运营。截至 2017 年 6 月末，全国 PPP 综合信息平台统计数据显示，入库项目数量达到 13554 个，投资额 16.4 万亿元，其中落地项目 2021 个，国家示范项目 700 个。但是落地项目的签约社会资本共 785 家，其中民营企业（包括民营独资和民营控股）为 291 家，仅占比 37.1%。近 2/3 的落地项目没有民间资本参与，而有民间资本参与的项目大多数也由国有控股资本占主导地位。PPP 落地项目的民间资本占比总体较低，这与 PPP 模式的推广初衷存在偏差。政府部门倾向于选择国有企业，更有甚者在 PPP 项目执行中变成为国有企业“量身定做”。民间资本参与 PPP 项目的退出机制不够完善，很难以市场化的方式退出，还面临一定的政策性风险，因此民间资本对 PPP 项目仍然顾虑重重。

二、产融结合：新实体的升级版

新实体经济的发展离不开投资的支持。因为创新是一个需要大量资金持续支持的过程，其间伴随着大量的风险与不确定性，对资金的供给有很大的需求。正如华尔街之于硅谷，金融投资的基本职能就是为实体经济服务，只有强大的资本市场才能激励创新，给予创业者超额回报，从而推动社会投资帮助实体经济从传统形态走到崭新的形态。

实体经济的传统融资方式主要集中于信贷市场的间接融资。信贷确实在一定程度上缓解了企业面临的融资约束，提高了资本的整体配置效率。但是由于我国金融系统的发展还不完善，融资渠道也比较单一，主要来源于银行，间接融资普遍存在信息不对称的问题，企业申请贷款时面临政策管制、担保机制缺失等问题，融资需求往往无法得到满足。对中小型企业以及创业企业来说更是如此，非国有企业的融资约束问题仍然非常严峻。

产融结合作为一种制度安排，通过将产业资本与金融资本结合的方式，在以企业为代表的资金需求方和以金融资本为代表的资金供给方之间建立了一条直接融资渠道，将外部资本转化为内部资本，解决了企业融资过程中的信息不对称问题，从而降低交易费用，帮助实体经济实现转型。

产融结合源于19世纪末的欧美国家，各国不同的经济制度、发展阶段催生了不同的发展模式（见表8.1），主要有“由融及产”和

“由产及融”两种模式。在其产生之初的19世纪末，欧美各国正实行自由放任的市场经济制度，工商企业和金融机构之间的跨业经营基本不受限制，在当时银行业发达的情况下，催生出一批以摩根为代表的“由融及产”的企业，如美国的洛克菲勒、花旗、摩根，日本的三井、三菱、住友等。这对日本和德国形成银行主导的“由融及产”模式有很大的影响。而美国的产融结合模式则经历了较为复杂的演变。在1930年经济大萧条后，美国政府出台了一系列以《1933年银行法》为代表的法规，对金融机构与传统工商业之间的市场准入、相互持股进行了严格的限制，从操作上杜绝了产融结合的模式。20世纪50年代，美国的金融创新加上企业的融资需求，使银行持股实业企业的特殊银行持股公司应运而生，为银行投资收购实业的双向产融结合奠定了基础。20世纪80年代，混业经营开始兴起，以GE为代表的实业企业开始提供多样化的金融业务，其金融部门，或是其设立的金融公司，不仅管理其企业内部资金的运转，而且像银行一样吸纳大量资金，提供各种金融服务。到20世纪90年代，《金融服务现代化法案》取代了《1933年银行法》，分业经营的条款被废除，混业经营重新盛行，几乎所有的大公司都开始利用基金等形式开展体外融资。但是2008年金融危机后，部分企业又回归主业，撤离金融业。总体来说，实体经济和金融资本经历了“融合—分离—融合”的过程，呈现“由融及产”和“由产及融”两种模式并存的状态。

表 8.1　产融结合模式的国别比较

	美国	日本	中国
融合方向	双向融合	由融及产	由产及融
融合主体	投资银行、跨国公司	商业银行	实业企业
运作方式	资本市场直接融资	债券和股权相结合	股权投资
运作效应	存量资产重组、增量资产调整	增量资产调整	存量资产重组
运作风险	放大宏观经济风险	连带关系金融风险	金融业垄断利润分配风险

我国由于监管政策的约束，银行业不能投资实业，因此现阶段产融结合主要是由一些大型产业集团主导，即“由产及融”。以海尔、复星、新希望集团等为代表的实体经济率先进入金融业，进入模式多为控股或参股多家金融机构（包括银行、证券公司、保险公司等），进而通过集团控股和整体混业，同时经营产业资本和金融资本。之后产融结合经历了一个快速发展的阶段，但是法律和监管的缺位导致 2004 年“德隆事件”的发生。2006 年国资委出台《中央企业投资监督管理办法》，对企业收购、投资产权做出了严格规定，对企业使用银行信贷资金流向房地产、保险等项目做出限制。2008 年金融危机后我国迎来了新一轮的产融结合，中国移动入股浦发银行、宝钢入股光大银行、中石油收购宁波金港信托等，都标志着产融结合的再度升温。

（一）缓解融资约束

古典经济学和新制度经济学研究者认为，企业成长最重要的因素分别是规模和功能的扩张。对实体经济来说，其生产转型过程中会受到资源、资金、技术等多方面的条件约束，而投资资金更是其中的关键因素，直接影响企业未来的投资发展计划，如果融资渠道不畅或是融资成本高于预期都会影响企业发展计划的实现。

现实中，融资难、融资贵的问题严重抑制了企业的发展潜力。得不到资金支持而削减甚至放弃原有投资计划的企业在现实中比比皆是，这些企业大多是民营中小企业。产融结合将信贷市场的外部间接融资转化为企业内部的产权关系，从而化解融资约束问题。主要体现在：

首先，产融结合使企业能够通过股权投资与金融机构建立联系，从而直接影响金融机构的信贷决策，这在民营企业和工业企业参股银行的决策中都得到了体现。万良勇（2015）在针对2005—2013年上市公司参股银行的数据研究中发现，处于行业竞争度更高的中小民营企业相比其他企业来说，参股银行等金融机构能更有效地缓解其融资约束。

其次，实体经济参股金融机构并参与决策，使行业进入金融行业的关系网，向外界传达了一种积极的信号，有助于实体企业在信贷市场声誉的提升，更容易获得融资。皮特森（Peterson）等（1994）研究表明，实体企业参股的金融机构种类越多，参股比例越高，其融资约束程度越低，在金融关系网内形成的产业部门与金融部门的信任机制也越牢固。

最后，企业参股金融机构有助于避免缔结信贷合约后出现的道德风险，节约了金融机构的合约监督成本，而这部分剩余利润则实现了内部化，由企业和金融机构共享。

（二）助推组织创新

企业家的根本职能在于不断将创新的生产要素引入企业内部。彭罗斯（Penrose，2007）在此基础上进一步发展，提出了企业的内在成长理论：企业成长的基础在于其内部资源和其拥有的能力，这两者是企业保持竞争力的源泉。企业动态扩张的经济效益为企业发展提供了原动力，这种动态扩张的经济效益建立在企业的创新能力之上，包括产品创新和组织创新能力。企业的创新能力提高需要大量资金的支持，而创新活动的不确定性和长期性使企业难以获得融资。一方面，研发创新的结果不确定性很高，投资有较高风险，而企业在寻求外部融资时双方信息往往高度不对称，这进一步加大了融资约束；另一方面，创新活动的周期一般较长，有时甚至无法给出确定的时间，研发活动一旦中断，企业就可能面临较大的沉没成本或损失。

通过产融结合的方式，不仅能够解决创新产业与资本之间信息不对称的问题，而且可以为企业创新活动提供长期稳定的资金支持。提高创新能力有助于提高全要素生产率，在人口红利逐渐消失的时候继续拉动经济的快速增长，而只有建立了完善的科技金融体制，打通“产学研”的通道，才能逐步实现技术研发的产业化。资本通过各种形式流向新兴技术类公司，鼓励技术创新，比如，可以利用差异化风险偏好资本，如孵化器、天使投资、PE（私募股权投资）等股权投资资本，为创新转型提供容错机制，有利于发现和培育新兴产业，实现“大众创业、万众创新”理念的落实。

GE 公司的产融实践是一个成功案例，值得我们借鉴。GE 是世界上最大的多元化服务型公司之一，其业务领域涉及能源、高新材料、基础设施、医疗等实体行业以及消费金融、商业金融、保险等金融服务行业（见图 8.5），遍布全球 100 多个国家和地区，被视为全球“由产及融”的成功模板。

GE 最初涉足金融是为了服务其内部实业，主要是为消费者、供应商等提供商业贷款、消费信贷、设备租赁等金融服务以扩大销售。20 世纪 70 年代末，GE 业务范围更加多样化，包括房屋制造、工业贷款等，成立了独立运作的金融公司，向专业金融服务转变。随着企业规模的不断扩大，GE 利用充足的资本实施了多元化经营战略。不断扩大的业务范围带来了巨大的金融服务需求，GE 在金融业务中获取的收益也越来越多。1981 年杰克·韦尔奇（Jack Welch）接任 CEO 后意识到，价值增长的潜力已转移到下游服务和融资活动上，因此韦尔奇通过大规模兼并收购实现了其金融业务的飞速发展，此时 GE 金融的服务对象不再局限于集团内部，而是扩展到产业链的上下游企业，甚至国际市场。在韦尔奇掌管 GE 的 20 年中，GE 金融的年净收入增长率达到了 18%，而同期其他部门的增长率大多在 4%左右。在 2008 年金融危机爆发前五年中，GE 金融掌握近 8000 亿美元，为 GE 总资产的 80%以上，如果单独剥离出来，可以位列全美前十大商业银行。其收入占 GE 总收入的 35%~40%，利润占 GE 总利润的一半左右。

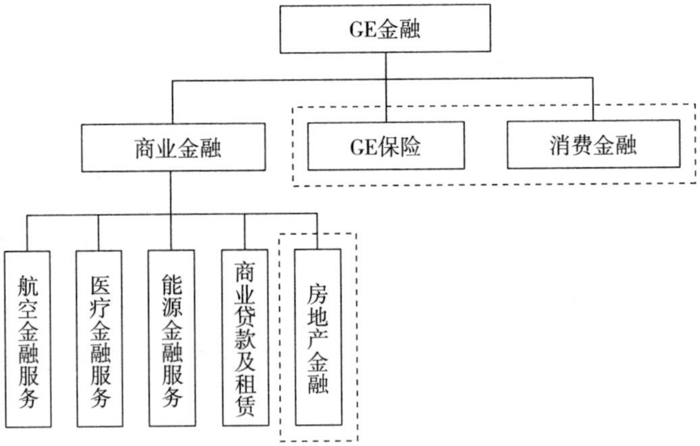

图 8.5　GE 金融业务结构

2008 年金融危机后，GE 总体利润被其房地产、消费金融业务所拖累。作为系统重要性金融机构，2010 年美国金融监管部门出台的监管法律极大地限制了其金融业务的操作灵活性，特别是杰克·韦尔奇的继任者，GE 新任 CEO 杰弗里·伊梅尔特（Jeffrey Immelt）一改前任的战略定位，力主削弱非相关金融业务，因此近年来 GE 逐步出售了非相关性金融资产（如房地产金融、消费金融、保险等），以获取资金流为投入制造业进行布局。2015 年 4 月，GE 宣布将剥离旗下 90%的金融资产，重新以工业制造业为主业。消息公布后 GE 股价上涨 11%，表现出资本市场对 GE 收缩金融业务决定的欢迎。金融资产剥离后的 GE 将不存在独立的金融板块，仅保留与医疗、航空服务、能源服务相关的金融业务继续服务其实体业务，上述金融业务分别并入 GE 集团相关业务板块（见图 8.6）。

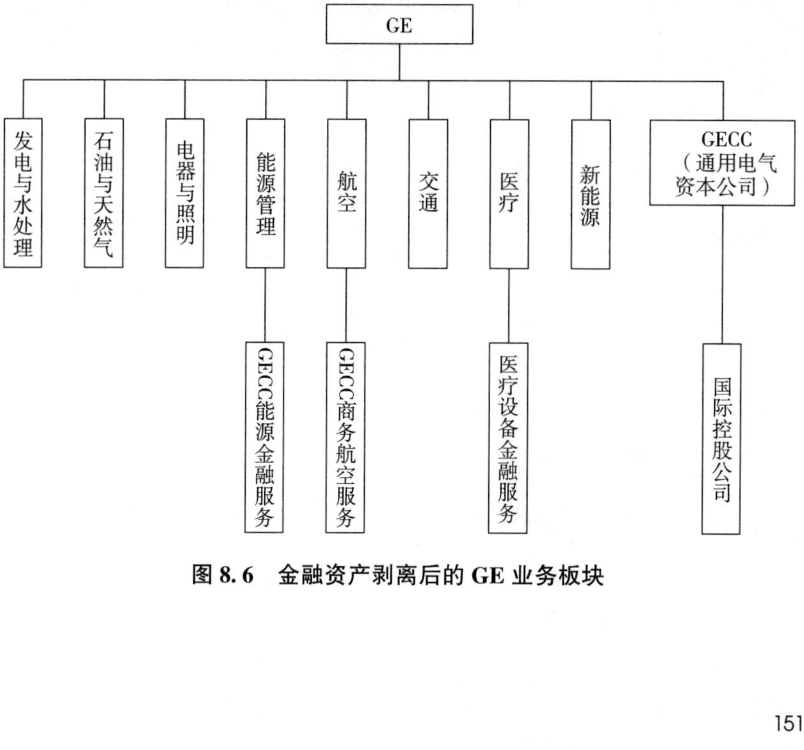

图 8.6　金融资产剥离后的 GE 业务板块

从整体上看，引融入产、产融结合的根本目的还是在于产业的发展，因此产融结合还需以“产”为核心，利用金融资本要适度。产融结合是一把双刃剑，企业应当时刻警惕其风险，不断调整发展战略以应对市场的快速变化。

三、深化体制改革，破除投资障碍

投资低迷对我国实体经济的发展不利，要通过深化投资改革，激发全社会特别是民间投资活力的源泉。

从改革角度看，第一，要大力改善投资市场环境，开放竞争。推动金融市场化、国际化的方向不动摇，积极推动国企改革，允许民企等不同形式的主体进入金融市场，在更多领域施展才能，通过市场化竞争出现强者，是所有措施中最应优先考虑的步骤。第二，要改善金融市场的生态，强化风险管理。逐步建立市场的风险定价功能，完善相关的债权人保护法律，清晰界定权益发行人层面的资本结构，并应允许使用创新金融工具对冲各类风险。第三，要促进直接融资，优化投资结构，引导资本流向新兴产业、创业企业、中小型企业，让金融和资本市场更多地激励创新者和创业者，使更多的创新者和创业者能够得到高额回报，进而催生更多创新企业。

要破除民间资本的市场准入障碍，扩大投资领域，让各投资主体享受公平待遇。对传统垄断行业的改革政策要有可操作性，打破所有制限制，鼓励不同所有制资本公平竞争，明确民间投资参与国有企业改组的具体路径，推动国有资本逐步退出竞争性领域，探索政府与民间合作投资的新模式，PPP 项目是这一模式前进的重要突破点。中央经济工作会议强调的电力、石油、天然气、军工、铁路等领域的混合所有制改革要落到实处，政府要明确自身定位，扮演好引导者和监管者的角色。一方面要健全政府与社会资本合作的有关法律，清除歧视性准入门槛，破除行业垄断，明确权责边界；另一方面要加强对项目的事前、事中、事后监管，不仅要拓宽民间资本的进入渠道，而且要完善资本的退出方式，通过产融结合的方式，为民间资本提供规范化、多元化、市场化的退出机制。

政府应当为民间资本创造良好的投资环境。要进一步明确政府的权责范围，保证政府投资资金只流向市场不能有效配置的行业部门，如公共基础设施、社会公益项目、生态环境保护等领域；政府投资安排应以直接投资为主，优化项目资金管理；政府的投资政策要有连续性，提高政策公信力的同时能够提振投资者的信心，特别是民间投资者的信心；提高政府服务民间投资的水平，深化“放管服”改革，降低民间投资的行政审批等制度性交易成本，提高民营企业的投资效率。

要不断深化改革，加大对民间资本的融资支持。政府应当为有关项目牵线搭桥，加大对民营企业金融服务政策的支持力度，稳步推进由民间资本发起设立中小型银行等金融机构，从而构建多层次、灵活有弹性、充分竞争的现代资本市场，为民间资本提供稳定的融资渠道。从企业和金融机构方面来看，应该建设更开放、规范的投融资体制，大力发展直接融资，健全政府银行企业社会合作对接的投资机制；进一步创新融资机制和金融服务模式，发挥产业基金的金融杠杆及资源整合效力，同时推进资产证券化，盘活存量资产，降低融资成本。

【新实体企业：商汤科技开发有限公司】

表 8.2　商汤科技开发有限公司简介

公司	商汤科技开发有限公司	英文	SenseTime
定位	专注于计算机视觉和深度学习原创技术研究的国内领先人工智能平台	创立时间	2014 年
创办人	徐立等	网址	https://www.sensetime.com

商汤科技开发有限公司（简称商汤科技）成立于 2014 年 11 月，是中国领先的人工智能公司（见表 8.2）。商汤科技专注于计算机视觉和深度学习的原创技术，建立了国内顶级的自主研发的深度学习超算中心。

商汤科技的成立时间虽然较短，但已积累了超过 400 个优质客户，其中不乏 OPPO、小米、华为等手机厂商，以及美图、小咖秀等知名相机 App（应用程序），公司已成为中国一流的人工智能算法供应商。

商汤科技目前专注于安防监控、金融、手机、移动互联网和深度学习芯片五大领域；主攻人脸识别、视频监控识别算法、增强现实、文字识别、自动驾驶识别算法和医疗影像识别算法等核心技术。分别与英伟达、本田汽车、美国麻省理工学院等在芯片、自动驾驶和医疗影像领域展开紧密合作。

2018 年 5 月 31 日，商汤科技对外宣布完成 C+轮 6.2 亿美元融资，由厚朴投资、银湖投资、老虎基金、富达国际等投资者联合领投。本轮投资完成后，商汤科技估值超过 45 亿美元，成为计算机视觉和深度学习领域的独角兽企业。

第九章

新产权环境：新实体发展的保障

人类的聪明才智是一切艺术和发明的源泉，这些成果是人们美好生活的保证。国家的职责就是要保证坚持不懈地保护它们。

——阿帕德·鲍格胥（世界知识产权组织前总干事）

一、产权保护是最基本的游戏规则

（一）产权的内涵和功能

产权是经济所有制关系的法律表现形式。它包括财产的所有权、占有权、支配权、使用权、收益权和处置权。在市场经济条件下，产权的属性主要表现在三个方面：产权具有经济实体性、产权具有可分离性、产权流动具有独立性。以法权形式体现所有制关系的科学合理的产权制度，是用来巩固和规范商品经济中的财产关系、约束人的经济行为、维护商品经济秩序、保证商品经济顺利运行的法权工具。

现代经济社会，产权是最基本的游戏规则。我国如今处在经济转型的重要十字路口，这就意味着资源配置和经济发展方式的转变，将越来越注重发展模式、发展要素、发展路径等。新实体经济是一种共同打造适应未来的经济形式，传统行业与互联网之间的互相依赖越来越大，新旧经济的融合越来越深，通过技术创新、模式创新创造出新产业，对提供就业岗位、改善人民生活、实现经济持续发展和社会稳定具有重要意义，因此也要特别重视与产权相关的问题。

产权的基本功能包括：激励功能、约束功能、资源配置功能、协调功能。企业产权决定企业的治理结构。现代企业理论和产业组织理论已经证明，企业的绩效由多种因素综合决定。首先，产权安排决定公司治理结构，若产权模糊，会滋生出所有者与经营者之间的“激励不相容”和“权责利不对称”，以及企业对市场竞争的不依赖性；其次，公司治理结构影响企业家的素质和作用的发挥；再次，企业家的能力和努力水平，决定企业的经营战略和管理水平，这两者同时影响企业的营运；又次，市场结构对企业绩效也有重要的影响；最后，企业绩效由企业营运和市场结构共同决定，不同的企业产权契约，决定了不同的公司治理结构。

产权结构从内部说是一种制度性安排，它通过一定的契约和治理手段，合理配置剩余索取权和控制权，以形成科学的自我约束和相互制衡机制。目的是协调内部利益相关者之间的利益和权利关系，促使其长期合作，保证企业的决策效率和长治久安。企业治理结构的核心，是如何解决利益相关者的责权利关系问题，尤其是剩余索取权和控制权的配置问题，也就是产权划分问题。企业治理可以分为两部分：一是治理结构，二是治理机制。治理结构包括股权结构、董事会、监事会、经营班子等；治理机制包括用人机制、监督机制和激励机制。这两者共同决定了治理效率的高低，治理机制应是其核心，治理结构是基础。从经济学分析，治理结构一般包括两个方面：一是企业的外部治理，主要包括产品市场、资本市场、经理人市场和劳动力市场，外部治理实质上是市场对企业的治理；二是企业的内部治理，内部治理即人们通常所说的法人治理结构。

法人治理结构是企业内部通过组织程序（通常以章程的形式）所明确的所有者、董事会和高级经理人员等利益相关者之间权力分配和制衡的制度体系，旨在维护股东、公司债权人以及社会公共利益，保证公司正常有效地运营。其内容包括：如何配置和行使控制权，如何监督和评价董事会、经理人和职工，如何设计和实施有效的激励和约束机制。简而言之，法人治理结构就是股东会、董事会、监事会和经理阶层的权力分配模式，以及内部资源的产权划分。

（二）应进一步明晰企业产权

产权制度是市场经济的基石，保护产权是发展市场经济制度的必然要求。有恒产者有恒心，经济主体财产权的有效保障和实现是经济社会持续健康发展的基础，也是鼓励社会创新和技术发展的有效保障。通过大力推进产权制度改革，形成归属清晰、权责明确、保护严格、流转顺畅的现代产权制度和产权保护法律框架，增强全社会产权保护意识，有利于促进市场交易与深化分工，促进经济增长，有利于企业家增进对投资回报的预期，提高投资安全性，增加投资与创新的激励，有利于减少资源使用的外部性，提高资源配置和利用效率，有利于促进我国新实体经济的快速发展。

企业产权与企业的规模和发展阶段相联系，更和宏观经济一脉相承，但其状态是依存的而不是绝对的。对规模不大、经营比较单一的中小企业而言，建立复杂且需要付出较大代价的法人治理结构是否必要，很难有确定的答案。但随着企业规模的不断扩大，对法人治理结构的需求迅速上升，当前许多发展壮大的民营企业正在进行的“创业者的自我革命”就是这种需求的集中反映。此外，法人治理结构的建立，只是为企业的高效运行创造了一种制度上的可能，但它没有也不可能解决所有问题。法人治理结构不是万应灵药，可以包治百病。一些所谓的现代企业，虽然已经建立了法人治理结构，但由于忽视管理而难以走出困境，这样的企业并不鲜见。

产权明晰是企业法人治理结构中的大问题，对宏观经济有重要影响。随着企业规模的发展，所有权和经营权概念需要逐步清晰。企业建立一套现代企业制度，最重要的就是所有权与经营权的分离，即两权分离。公司治理机制，实质是在法律保障条件下的一整套制度性安排，着力处理因两权分离而产生的“委托-代理”关系。从公司治理结构的演化过程来看，公司治理结构解决的主要问题是对代理的激励和约束问题。激励就是对代理人（经营者）设计周详的激励报酬合同，促使代理人（经理）将个人利益最大化目标与委托人（所有者）利润最大化目标相结合，尽可能消除在所有权与控制权分离下所有者与经营者目标函数的背离，使代理人积极为委托人的利益而勤勉尽职；约束是为了防止经理人员由努力程度不可观察性与不可证实性而引发的欺诈和懈怠，保障委托人的最大利益及其最终控制权，使代理人不至于因为自利或利用信息不对称滥用职权而损害委托人的利益。为了激励，就要使代理人有职、有权、有利；为了约束，就要使代理人的职位、权力、利益时刻受到监控。二者之间的制衡，成为公司治理结构是否有效的关键。失去制衡的公司治理结构只有两个结果：一是代理人成为傀儡，二是内部人控制。

（三）重视知识产权战略

知识产权及其保护是产权领域一个重要的问题。知识产权是指人们就其智力劳动成果所依法享有的专有权利，通常是国家赋予创造者对其智力成果在一定时期内享有的专有权或独占权。知识产权从本质上说是一种无形财产权，它的客体是智力成果或者知识产品，是一种无形财产或者一种没有形体的精神财富，是创造性的智力劳动所创造的劳动成果，与房屋、汽车等有形财产一样，都受到国家法律的保护，都具有价值和使用价值。

知识产权战略在许多国家被确定为一项长期发展战略，对提升国家竞争力有很大的作用。美国政府1979年就提出“要采取独自的政策提高国家的竞争力，振奋企业精神”，并第一次将知识产权战略提升到国家战略的层面。从此，知识产权战略成为美国企业与政府的统一战略。美国在知识产权的法律上进行了一系列的修订和扩充：1980年通过《拜杜法案》，1986年通过《联邦技术转移法》，1998年通过《技术转让商业化法》，1999年美国国会通过了《美国发明家保护法令》，2000年10月众参两院又通过了《技术转移商业化法案》，进一步简化归属联邦政府的科技成果运用程序。此外在国际贸易中，一方面通过其综合贸易法案的“特殊301条款”对竞争对手予以打压，另一方面又积极推动世界贸易组织知识产权协议的达成，从而形成一套有利于美国的新的国际贸易规则。

除了国家知识产权战略外，还应该有区域、行业和企业的知识产权战略。我国的不同地区在科技进步和经济发展以及知识产权资源方面存在很大差异，应当针对不同区域的实际情况选择不同的侧重点。在衡量各省或地区的知识产权发展状况时，不宜追求单一目标。国家要在优先发展的产业，例如，信息技术、生物技术、中医药等重点推进行业知识产权战略。在企业知识产权战略方面，尤其应当培育扶植企业的知识产权保护与利用的意识和手段，企业的知识产权战略应当遵循市场经济规律，引导企业在市场竞争中自我增强知识产权创造、利用、管理与经营能力。

2017年4月，最高人民法院首次发布《中国知识产权司法保护纲要》，提出力争通过五年的努力，使知识产权司法保护体系更加完善，司法保护能力有更大提升，司法保护的主导作用更加突出，为实施国家知识产权战略和创新驱动发展战略提供有效的司法服务，为实现“两个一百年”奋斗目标和建设知识产权强国、世界科技强国提供有力的司法保障。这一纲要明确了知识产权司法保护工作的指导思想、基本原则、主要目标和重点措施。其中包括服务大局、改革创新、司法主导、平等保护、严格保护、分类施策、比例协调、开放发展八个基本原则。

二、破解制度困境，依法保护产权

（一）平等保护各种所有制产权

适应经济社会转型的新要求，产权保护制度需要不断创新。迟福林（2016）提出，新阶段应对公有制产权和非公有制产权进行平等保护，涉及非公有制经济进入服务业等领域面临的各类隐性壁垒，涉及企业家创新收益保护等新矛盾、新问题，这就需要适应新形势扩展产权保护的内涵和外延，推动相关体制创新。要促进新实体经济的发展，必须坚持平等保护，健全以公平为核心原则的产权保护制度，公有制经济财产权不可侵犯，非公有制经济财产权同样不可侵犯。坚持全面保护，保护产权不仅包括保护物权、债权、股权，也包括保护知识产权及其他各种无形财产权。

为什么民营部门不在实体领域投资？除了没有好的方向、回报率低，还有没有其他原因？相信有一个原因是与产权保护不到位、不充分有关。虽然改革开放以来，我国大力推进产权制度改革，以公平为核心原则的产权保护制度逐步形成，产权保护法律体系初步建立，全社会产权保护意识不断增强，但我国产权保护状况还不乐观，不同所有制经济产权保护不够平等，产权保护实践中仍存在重公有、轻私有的现象，产权保护不到位，侵犯知识产权行为易发多发，与建立完善社会主义市场经济体制要求相比还有较大差距。政府直接干预企业经营活动的现象仍然常常发生，是导致企业经营权不完全的重要原因。在国内普遍不重视产权的环境下，企业经营中自有产权遭到极大侵蚀，小公司不敢创新，大公司不敢迈大步子。另外，在一些民营企业的发展过程中，我国法治建设不断完善，对经济领域的法律调控与引导还不健全，企业运作难免存在不规范现象。如果一旦发现法律问题就对企业或企业家采取强制措施，导致企业与企业家财产安全处于风险当中，无疑会严重影响企业的生产经营以及企业家的积极性，不利于社会经济的发展。

应对各种所有制经济产权和合法权益平等保护。必须加快完善产权保护制度，依法有效保护各种所有制经济组织和公民财产权，增强人民群众财产财富安全感，增强社会信心，形成良好预期，保持经济社会持续健康发展。如何甄别和纠正涉及产权的错案冤案，怎样妥善处理民营企业家历史形成的不规范问题，民营企业违法案件中司法不规范问题如何解决，怎样更加有效地保护国有资产，是当前产权领域需要着力解决的问题。为此 2016 年 11 月中共中央和国务院联合出台了《关于完善产权保护制度 依法保护产权的意见》，明确指出产权制度是社会主义市场经济有效运行的基础，对完善社会主义市场经济体制、实现经济社会持续健康发展具有重要意义。

要妥善处理历史形成的产权案件。坚持有错必纠，甄别纠正一批社会反映强烈的产权纠纷申诉案件，剖析一批侵害产权的案例。对涉及重大财产处置的产权纠纷申诉案件、民营企业和投资人违法申诉案件依法甄别，确属事实不清、证据不足、适用法律错误的错案冤案，要依法予以纠正并赔偿当事人的损失。完善办案质量终身负责制和错案责任倒查问责制，从源头上有效预防错案冤案的发生。严格遵循法不溯及既往、罪刑法定、在新旧法之间从旧兼从轻等原则，以发展眼光客观看待和依法妥善处理改革开放以来各类企业特别是民营企业经营过程中存在的不规范问题。

大力推进法治政府和政务诚信建设，地方各级政府及有关部门要严格兑现向社会及行政相关人依法做出的政策承诺，认真履行在招商引资、政府与社会资本合作等活动中与投资主体依法签订的各类合同，不得以政府换届、领导人员更替等理由违约、毁约，因违约、毁约侵犯合法权益的，要承担法律和经济责任。因国家利益、公共利益或者其他法定事由需要改变政府承诺和合同约定的，要严格依照法定权限和程序进行，并对企业和投资人因此而受到的财产损失依法予以补偿。对因政府违约等导致企业和公民财产权受到损害等情形，要进一步完善赔偿、投诉和救济机制，畅通投诉和救济渠道。将政务履约和守诺服务纳入政府绩效评价体系，建立政务失信记录，建立健全政府失信责任追究制度及责任倒查机制，加大政务失信行为的惩戒力度。

（二）持续优化知识产权环境

由技术创新、模式创新驱动的新实体经济在我国经济转型中发挥着越来越重要的作用。从国际经验看，无论是发达国家还是新型工业化国家，在经济转型的背后无一不是有良好的知识产权环境作为支撑。但同时也要看到，我国对技术创新和创新模式保护力度弱，知识产权观念不强的情况仍然存在，导致我国新实体经济发展中遗留了诸多薄弱环节和问题。知识产权保护不力，侵权问题易发多发，成为我国新实体经济发展的绊脚石，建立有效的新知识产权环境迫在眉睫。

完善知识产权保护制度、推进保护法治化是推动创新创业，加快经济转型升级的重大举措。随着我国经济社会的快速发展，加强知识产权保护、提高自主创新能力，成为加快转变经济发展方式、实施创新驱动发展战略的内在要求。党的十八大明确提出“实施知识产权战略，加强知识产权保护”；十八届三中全会强调“加强知识产权运用和保护，健全技术创新激励机制”；十八届四中全会提出“全面推进依法治国”“完善激励创新的产权制度、知识产权保护制度和促进科技成果转化的体制机制”。新的形势对知识产权法律制度提出了更新更高的要求。

鼓励创新者和创业者，让他们得到最大的激励，让更多人投身于创新事业，必须要加强各种所有制经济产权保护。深化各类企业管理体制改革，进一步明晰产权所有者和代理人关系，推动实现企业股权多元化和公司治理现代化，健全涉及财务、采购、营销、投资等方面的内部监督制度和内控机制，强化董事会规范运作和对经理层的监督，完善国有资产交易方式，严格规范企业资产登记、转让、清算、退出等程序和交易行为，以制度化保障促进国有产权保护，防止内部人任意支配企业资产，切实防止资产流失。建立健全归属清晰、权责明确、监管有效的自然资源资产产权制度，完善自然资源有偿使用制度，逐步实现各类市场主体按照市场规则和市场价格依法平等使用土地等自然资源。分类建立健全企业资产清产核资、登记、保管、使用、处置制度和财务管理监督制度，切实防止企业资产被外部资本侵吞。要鼓励创新者和创业者，让他们得到最大的激励，让更多人投身于创新事业。

当今信息传播成本几乎为零，创新技术极易被“复制”，创新产品极易被“山寨”。如果缺乏有效的产权保护制度，创新的积极性将严重受挫。只有对侵犯产权的行为加大查处力度、提高惩罚标准，才能激发创新热情，保护创新成果，增强创新动力。

加大知识产权侵权行为惩治力度，提高知识产权侵权法定赔偿上限，探索建立对专利权、著作权等知识产权侵权惩罚性赔偿制度，对情节严重的恶意侵权行为实施惩罚性赔偿，并由侵权人承担权利人为制止侵权行为所支付的合理开支，提高知识产权侵权成本。建立收集假冒产品来源地信息工作机制，将故意侵犯知识产权行为情况纳入企业和个人信用记录，进一步推进侵犯知识产权行政处罚案件信息公开。完善知识产权审判工作机制，积极发挥知识产权法院作用，推进知识产权民事、刑事、行政案件审判“三审合一”，加强知识产权行政执法与刑事司法的衔接，加大知识产权司法保护力度。完善涉外知识产权执法机制，加强刑事执法国际合作，加大涉外知识产权犯罪案件侦办力度。严厉打击不正当竞争行为，加强品牌商誉保护。将知识产权保护和运用相结合，加强机制和平台建设，加快知识产权转移转化。

（三）着力保护中小投资者权益

解决投资者的保护问题需要从源头思考和解决。虽然广大投资者拥有庞大的群体，但在投资者权益方面依旧“势单力薄”，沦为

“弱势群体”。当前资本市场改革中，最迫切、最核心的问题应该是健全中小投资者权益产权保护制度。在产权方面的准入门槛和退出机制方面给予制度化的创新，厘清投资者与企业各方面的关系，来得干干净净，走得清清爽爽。

在投资者准入方面：

首先，健全投资者适当性制度，进一步完善规章制度和市场服务规则。制定完善中小投资者分类标准。根据我国资本市场实际情况，制定并公开中小投资者分类标准及依据，并进行动态评估和调整。进一步规范不同层次市场及交易品种的投资者适当性制度安排，明确适合投资者参与的范围和方式。

其次，优化投资回报机制，引导和支持上市公司增强持续回报能力。上市公司应当完善公司治理，提高盈利能力，积极主动回报投资者。公司首次公开发行股票、上市公司再融资或者并购重组摊薄即期回报的，应当承诺并兑现填补回报的具体措施。

完善利润分配制度。上市公司应当披露利润分配政策，尤其是现金分红政策的具体安排和承诺。对不履行分红承诺的上市公司，要记入诚信档案，未达到整改要求的不得进行再融资。独立董事及相关中介机构应当对利润分配政策是否损害中小投资者合法权益发表明确意见。建立多元化投资回报体系。

完善股份回购制度，引导上市公司承诺在出现股价低于每股净资产等情形时回购股份。研究建立“以股代息”制度，丰富股利分配方式。对现金分红持续稳定的上市公司，在监管政策上给予扶持。制定差异化的分红引导政策。完善除权除息制度安排。

最后，保障中小投资者知情权，增强信息披露的针对性。有关主体应当真实、准确、完整、及时地披露对投资决策有重大影响的信息，披露内容做到简明易懂，充分揭示风险，方便中小投资者查阅。健全内部信息披露制度和流程，强化董事会秘书等相关人员职责。制定自愿性和简明化的信息披露规则。

提高市场透明度。对显著影响证券期货交易价格的信息，交易场所和有关主体有及时履行报告、信息披露和提示风险的义务。建立统一的信息披露平台。健全跨市场交易产品及突发事件信息披露机制。健全信息披露异常情形问责机制，加大对上市公司发生敏感事件时信息披露的动态监管力度。

切实履行信息披露职责。上市公司依法公开披露信息前，不得非法向他人提供相关信息。上市公司控股股东、实际控制人在信息披露文件中的承诺须具体可操作，特别是应当就赔偿或者补偿责任做出明确承诺并切实履行。上市公司应当明确接受投资者问询的时间和方式，健全舆论反应机制。

在投资者退出方面：

第一，完善合伙人股权退出机制。公司在发展过程中总是会遇到核心人员的波动，特别是当已经持有公司股权的合伙人退出团队时，只有合理处理好合伙人的股份，才能避免因合伙人股权问题影响公司的正常经营。提前设定好股权退出机制，约定好在合伙人退出公司后，要退回的股权和退回形式。创业公司的股权价值是所有合伙人持续长期地服务于公司赚取的，当合伙人退出公司后，其所持的股权应该按照一定的形式退出。一方面对其他合伙人更公平，另一方面便于公司的持续稳定发展。

第二，股东中途退出，股权溢价回购。退出的合伙人的股权回购方式只能通过提前约定退出，退出时公司可以按照当时公司的估值对合伙人手里的股权进行回购，回购的价格可以按照当时公司估值的价格适当溢价。

第三，建立并完善多元化纠纷解决机制。上市公司及证券期货经营机构等应当承担投资者投诉处理的首要责任，完善投诉处理机制并公开处理流程和办理情况。证券监管部门要健全登记备案制度，将投诉处理情况作为衡量相关主体合规管理水平的依据。支持投资者与市场经营主体协商解决争议或者达成和解协议。有关部门配合司法机关完善相关侵权行为民事诉讼制度。优化中小投资者依法维权程序，降低维权成本。健全适应资本市场中小投资者民事侵权赔偿特点的救济维权工作机制。推动完善破产清偿中保护投资者的措施。

第四，健全中小投资者赔偿机制，督促违规或者涉案当事人主动赔偿投资者。对上市公司违法行为负有责任的控股股东及实际控制人，应当主动、依法将其持有的公司股权及其他资产用于赔偿中小投资者。招股说明书虚假记载、误导性陈述或者重大遗漏致使投资者遭受损失的，责任主体须依法赔偿投资者，中介机构也应当承担相应责任。基金管理人、托管人等未能履行勤勉尽责义务造成基金份额持有人财产损失的，应当依法赔偿。建立上市公司退市风险应对机制。因违法违规而存在退市风险的上市公司，在定期报告中应当对退市风险做专项评估，并提出应对预案。

第五，强化中小投资者教育。提高投资者风险防范意识。自律组织应当强化投资者教育功能，健全会员投资者教育服务自律规则。中小投资者应当树立理性投资意识，依法行使权利和履行义务，养成良好的投资习惯，不听信传言，不盲目跟风，提高风险防范意识和自我保护能力。

政府证券监管部门要进一步完善政策措施，提高保护中小投资者合法权益的水平。国有大股东或者实际控制人应当依法行使权利，支持市场经营主体履行法定义务。财政、税收、证券监管部门应当完善交易和分红等相关税费制度，优化投资环境。国务院有关部门和地方人民政府要求上市公司提供未公开信息的，应当遵循法律法规相关规定。有关部门要完善数据采集发布工作机制，加强信息共享，形成投资者合法权益保护的协调沟通机制。强化国际监管合作与交流，实现投资者合法权益的跨境监管和保护。

（四）促进企业在法制环境中合规运营

有恒产者有恒心，完善产权保护制度，对矫正并稳定社会预期，给社会提供“定心丸”具有重要作用。我国实行以公有制为主体、多种所有制经济共同发展的基本经济制度，平等保护各类产权、激发各类市场主体的积极性，显得尤为重要。坚持依法保护，不断完善社会主义市场经济法律制度，强化法律实施，确保有法可依、有法必依。

首先，在财产权利的划分上要“归属清晰”。“归属清晰”不是指狭义的所有权归属清晰，而是指广义所有权中的所有权、占有权、使用权、支配权归谁拥有，必须界定清晰。如果客观经济情况需要进一步细分产权，那么新派生出来的产权类别也必须界定清楚，以避免关系混乱。所有权清晰是指产权主体把客体当作自己的专有物，排斥他人随意剥夺的权能和作用。占有权清晰是指主体实际或直接掌握、控制或管理客体的权能。支配权又称作处理权、处分权或处置权。使用权是产权主体按照财产的性质和用途利用、改变和消费客体的权能。人们经常说到的收益权、受益权或用益权，是实施、行使和运用各种权能而获得利益的权利，是与上述“四权”联系在一起的，是内生、依附于各种权能的利益，并不是独立的一种财产权利。权能和利益是一体的。

其次，在财产权利运用过程中要“权责明确”。明确的产权关系，必须是主体责任、权力和利益的统一。不仅要明确规定产权主体对财产能做什么，还应当包括他们不能做什么；同时，还要规定他们应尽的义务和责任。对权力无限制的制度实际上就是无权力的制度。我国国有企业在改革进程中，就是由于政府和企业权、责、利的不明确，曾出现两种极端情形：或者是政府对企业的无限干预，造成企业缺乏活力，没有动力，企业的经济效益不高；或者是对企业无人问责，任企业所为，造成大量国有资产流失。

再次，要严格保护和维护产权关系。产权关系要真正发挥作用，需要通过法律使其制度化，成为具有强制力的约束规则，这样才可以降低产权关系确立和纠纷解决中的交易成本，提高产权制度的效率和公平性。我国的现行法律虽然规定了对公有财产的保护，但由于长期以来在公有产权保护上存在立法不严密和执法不严格的弊端，致使一些改革措施长期难以贯彻实施，国家明令赋予企业的权利被中途截留或时放时收。改革开放以来，我国非公有制经济迅速发展，而现有法律对私有财产的保护还未明确规定，以至于不少私人投资者不敢增加投资、扩大规模。这些问题不利于我国基本经济制度的完善和社会主义市场经济的发展。为根除侵犯产权的行为和保护一切合法的财产权利，必须建立严格、全面的产权法律体系，对一切合法财产权利进行有效的严格保护。

最后，法治社会中要尊重财产权利的配置权。产权主体有动力并有权力按照自己的意愿来配置其权利，包括使用的方向、数量、权力的让渡等。这种权力的自由配置是产权激励作用的要求和体现，是市场机制产生效率的条件。改革开放以来，非公有制经济之所以发展迅速，就是因为在产权利益的激励下，能够根据市场供求的变化，自由地把财产配置到市场需求最大的领域中，获得了最大的经济利益。因此，要适应发展市场经济、建立和健全现代产权制度的需要，就必须自由地拆分、组合各种财产权利关系，灵活地安排具体产权运行方式，使财产主体能够发挥最大的积极性和创造性，最大限度地挖掘财产的经济效益和社会效益。

营造全社会重视和支持产权保护的良好环境。大力宣传党和国家平等保护各种所有制经济产权的方针政策和法律法规，使平等保护、全面保护、依法保护观念深入人心，营造公平、公正、透明、稳定的法治环境。在坚持以经济建设为中心、提倡勤劳致富、保护产权、弘扬企业家精神等方面加强舆论引导，总结宣传一批依法有效保护产权的好做法、好经验、好案例，推动形成保护产权的良好社会氛围。完善法律援助制度，健全司法救助体系，确保人民群众在产权受到侵害时获得及时有效的法律帮助。有效发挥工商业联合会、行业协会商会在保护非公有制经济和民营企业产权、维护企业合法权益方面的作用，建立对涉及产权纠纷的中小企业维权援助机制。更好地发挥调解、仲裁的积极作用，完善产权纠纷多元化解机制。

推进产权保护法治化的关键在政府。从实践看，一些地方政府在保护产权方面作用发挥得还不够，甚至存在由于政府自身不当行为造成企业和公民财产权受到侵害的现象。迟福林说：“无论是产权的有效界定，还是依照法律程序保护产权，都离不开政府的作用。从改革实践看，完善政府守信践诺机制对产权保护法治化具有决定性影响。”地方各级人民政府及有关部门要严格兑现向社会及行政相对人依法做出的政策承诺，认真履行在招商引资、政府与社会资本合作等活动中与投资主体依法签订的各类合同，不得以政府换届、领导人员更替等理由违约毁约，确需改变政府承诺和合同约定的要严格依照法定程序进行。银温泉说：“随着这些政策措施的逐步落实以及政府管理体制改革加快推进，政府公权力的运行将得到有效规范。”只有随着法治政府和政务诚信建设的推进，以及相关法律制度的完善，使产权保护将步入制度化、法治化轨道，最终才能构建起产权保护的长效机制。

【新实体企业：小米科技有限责任公司】

表 9.1　小米科技有限责任公司简介

公司	小米科技有限责任公司	英文	MI
定位	专注于高端智能手机、互联网电视以及智能家居生态链建设的创新型科技企业	创立时间	2010 年
创办人	雷军等	网址	https://www.mi.com

小米科技有限责任公司（简称小米科技）成立于 2010 年 4 月，是一家专注于高端智能手机、互联网电视以及智能家居生态链建设的创新型科技企业（见表 9.1）。“让每个人都能享受科技的乐趣”

是小米科技的愿景。小米科技率先应用了互联网开发产品的模式，用极客精神做产品，用互联网模式跨过中间环节，致力于让全球每个人都能享用优质科技产品。

小米科技自创办以来，保持了令世界惊讶的增长速度。2017 年，小米科技共售出手机 9141 万台，智能手机销售量已跃居全球第四，为公司贡献收入约 805.64 亿元。

2016 年，小米科技推出全新品牌——MIJIA，中文名为“米家”，对小米生态链进行战略升级。截至 2016 年底，小米科技旗下生态链企业已达 77 家，其中紫米科技的小米移动电源、华米科技的小米手环、智米科技的小米空气净化器、万魔声学的小米活塞耳机等产品均在短时间内迅速成为影响整个中国消费电子市场的明星产品。

2018 年 5 月，小米科技正式向港交所递交招股书，计划上市后进行核心产品研发、强化生活消费品与移动互联网产业链和全球市场扩张。

第十章

实体部门：萌发生机

我们面临着人工工资高、运输成本高、税收比美国高……同质化的重复建设，不仅是房地产过剩、三产过剩、酒店过剩，制造业的钢铁、玻璃、水泥也过剩，拖一年严重一年。中国是中国人的中国，建设中国、发展中国、保卫中国，是中国国土上每一位精英的责任。有困难我们必须正面对待。

——曹德旺（福耀玻璃董事长）

一、传统制造：走出泥泞

当前，传统实体经济的一些问题越发凸显：产能过剩加剧企业恶性竞争；退出渠道不畅导致“僵尸企业”大幅增加；公平市场竞争环境有待进一步完善；融资成本增加问题依然突出……转型困难是整个产业链的困扰：当前我国某些行业已经处于“产能过剩”阶段，但产品的质量仍然摆脱不了“低、次、劣”；企业在自主投资和长期研发投入方面逐年减少，科技成果迟迟不能落地；政府职能越位、缺位、不到位的问题依然存在，管理服务能力还有所欠缺。资源要素价格改革不到位，一定程度上还存在着要素价格扭曲和市场信号失真的情况。这导致了传统制造产业分化严重，增长发展缓慢。新实体经济作为驱动经济增长的动力与能量，不仅能催生新技术、新业态，还能推动传统产业的改造升级，使之焕发新的生机与活力。

随着供给侧结构性改革下“三去一降一补”任务的进行，我国经济的发展取得了一定的成效。作为连接就业和经济发展的重要纽带，第三产业开拓出的新动能通过吸纳劳动力、开辟新市场做出了重要的贡献。一方面，对传统制造行业的改造升级使之顺利实现从旧动能向新动能的转换，在去除过剩产能的同时实现质的提升。另一方面，通过清洁能源、量子通信、飞船火箭等战略新兴产业来引领工业领域发展的新方向，优先发展高端装备、智能制造领域。第一产业是通过把产业链、价值链等现代产业组织方式引入农业来实现其现代化，以培育新的增长点，逐步出现成效。

2017 年，福耀玻璃董事长曹德旺关于企业税负水平的评价，引起人们广泛的关注和争论。2016 年年底，福耀集团投资 6 亿美元的全球最大汽车玻璃单体工厂在美国俄亥俄州竣工投产。加上此前的投资，福耀在美国投资已有 10 亿美元。福耀之所以能够成功，就是因为在这几十年里坚持不懈地搞制造业换来的，就是实实在在地做过来的。他说："我们面临着人工工资高、运输成本高、税收比美国高……同质化的重复建设，不仅是房地产过剩、三产过剩、酒店过剩，制造业的钢铁、玻璃、水泥也过剩，拖一年严重一年。中国是中国人的中国，建设中国、发展中国、保卫中国，是中国国土上每一位精英的责任。有困难我们必须正面对待。"

传统实体经济的发展面临的主要问题包括国际环境变化、人口老龄化提前到来、资源环境恶化、经济增速换挡、社会阶层固化、房地产泡沫导致新的城乡壁垒、教育成本增加导致的教育资源配置不公、经济结构调整、前期刺激政策的消化、社会转型压力、改革难度增加等。在市场经济制度下，经济结构变化本是一个自然的历史过程，但在中国政府主导经济发展的体制下，经济结构部分被扭曲了，如经济增长动力结构过分依靠"三驾马车"，产业结构过度依赖对 GDP 贡献较大的工业，区域结构过分偏重沿海发达地区，生产要素投入结构过度偏重劳动力、土地、资源等一般性要素，财富分配结构偏重国富等，由此带来的一系列问题，只能通过发展新实体经济予以调整。

随着我国经济发展进入新常态，实体经济发展环境发生了深刻变化，现状越发严峻：生产与消费量双下降、价格持续下跌、经济效益大幅下降、出口增幅放缓、固定资产投资持续下降。钢铁行业是中国实体经济的典型代表。2001—2015 年全国大中型钢铁企业收入、利润情况见图 10. 1 和图 10. 2。2016 年全国粗钢产量 80837 万吨，增长 1. 2%；生铁产量 70074 万吨，增长 0. 7%；钢材产量 113801 万吨，增长 2. 3%。2016 年粗钢产量略微超过 2015 年粗钢产量 80382. 3 万吨。2015 年，全国大中型钢铁企业实现销售收入 2. 89 万亿元，同比下降 19. 46%，利润总额-645. 34 亿元，首度由盈转亏，行业亏损面达 50. 5%。2016—2017 年年初钢价出现暴涨暴跌，但在供给过剩、需求中长期低迷的情况下，行业盈利状况不容乐观。

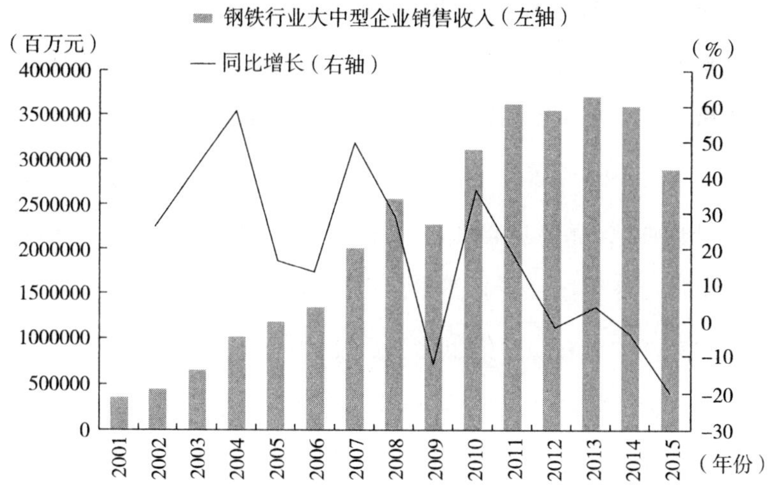

图 10. 1　2001—2015 年全国大中型钢铁企业收入情况

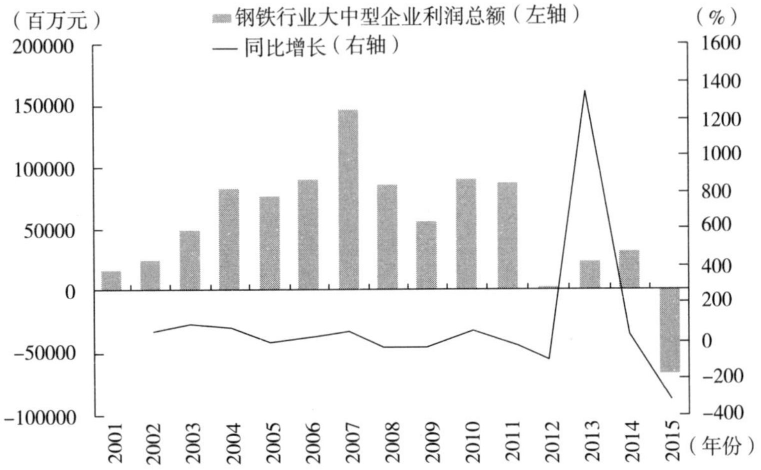

图 10.2 2001—2015 年全国大中型钢铁企业利润情况

当前我国正处在经济增速换挡期、结构调整阵痛期、前期刺激政策消化期“三期叠加”的关键时期，拉动我国经济增长的传统动力正在减弱，寻找新的经济增长动力迫在眉睫。传统实体经济表现差强人意，部分传统经济大省的实体经济、就业等情况都不太乐观。当下产业增速不断放缓的走势，表明我国传统制造业正处在转型升级的“犹豫期”，需要迎难而上、积极作为。很多区域包括传统经济大省，实体经济数据、就业都非常不好。更重要的是，实体经济的严峻现状更多体现在质量的低劣上，社会产品的生产量很大，但是“低、次、劣”的现象很严重；对技术和装备渴求非常旺盛，但是企业自主投资和长期研发投入减少，科技转化不能落地；区域经济和政府的产业政策，特别是基层层面还停留在传统层面上。若要改变现状，必须解决传统制造业的以下问题。

首先，强化自主创新能力。传统制造业多数大而不强，自主研发能力差，关键技术对外依存度高，核心技术受制于人，具有自主知识产权的东西少。重引进、轻开发，重模仿、轻创新的倾向并没有得到改观；“引进—落后—再引进—再落后”的怪圈依然存在。很多产品虽然由我国制造，但关键部分的核心技术不在我国手中，企业仍然只是在加工制造，陷入“高端失守”的困境。

其次，提升规模，改善利润。由于装备制造业在我国起步较晚，企业自主创新能力不足，竞争力弱。因此规模不大。应着力提升规模，从而改善利润。

最后，发挥产业集群效应。出于对经济发展转型升级的战略需要，政府大力推进建设长环渤海、长三角、珠三角高端装备制造业产业集群。在政策的推动下，积极改变一些地区产业基础薄弱、缺乏配套支持的情况，优化一些关联度低、生产衔接不够紧密的产业集群，解决产业链短、集群效果差等问题。

二、高端装备：工业脊梁

（一）行业现状与产业规模

高端和新型装备制造是为工业生产体系和国民经济各行业直接提供技术设备的战略性产业。近几年，我国高端装备制造行业快速发展，整体收入规模与增长率位居世界前列。

装备制造业是为国民经济和国防建设提供各种技术装备的制造业总称，是制造类产品的“工作母机”。高端装备制造业是装备制造业的高端环节，具有技术密集、附加值高、成长空间大、带动作用强等突出特点，是衡量一个国家制造业发展水平和整体经济综合竞争实力的重要标志，也承担了“替代进口”的使命。国家“十三五”规划提出加快突破关键技术与核心部件，推进重大装备与系统的工程应用于产业化，促进产业链协调发展，塑造中国制造新形象，带动制造业水平全面提升。规划将制造强国的落脚点放在了八大高端装备制造行业上，分别是航空航天装备、海洋工程装备及高技术船舶、先进轨道交通装备、高档数控机床、机器人装备、现代农机装备、高性能医疗机械和先进化工成套装备。

“十二五”期间中国装备制造业增加值年均实际增长 13.2%，快于规模以上工业增加值 2.7%。截至 2015 年，装备制造业占规模以上工业增加值的比重为 31.8%，较 2008 年提升了 3.8%。高端装备制造产业市场规模 2016 年达到 7.68 万亿元，2017 年销售收入超过 9 万亿元，在装备制造业中的占比已经提高到了 15%，复合增长率达到 32.3%。

（二）政策与创新

对中国而言，加快装备制造业的高端化、现代化是推动工业现代化的关键，也是实现由“制造大国”向“制造强国”战略转变的重要途径。国家《装备制造业标准化和质量提升规划》提出到 2020 年，工业基础、智能制造、绿色制造等重点领域标准体系基本完善，质量安全标准与国际标准加快接轨，重点领域国际标准转化率力争达到 90%以上。

作为未来 10 年中国制造由大变强的行动纲领，新一代中国制造就高端装备制造列出了 10 个重点领域，分别是大型飞机、航空发动机及燃气轮机、民用航天、智能绿色列车、节能与新能源汽车、海洋工程装备及高技术船舶、智能电网成套装备、高档数控机床、核电装备和高端诊疗设备。

从技术角度看，高端装备制造业集聚了多学科和多领域的高端知识和高精尖技术，全面反映了国家自主创新能力的高低，大力发展高端装备制造业是提升我国抢占未来经济和科技发展制高点的必由之路（见表10.1）。

表10.1　高端装备制造的重点技术及创新

关键项目	技术突破
智能制造系统	集计算、通信与控制于一体的信息物理系统（CPS）顶层设计
工业机器人	高精度减速器、高性能控制器、精密测量等关键技术
增材制造	钛合金、高强合金钢、高温合金、耐高温高强度工程塑料等增材制造专用材料，以及激光、电子束、离子束和其他能源驱动的主流增材制造工艺装备
空间工程	星座和专题卫星组成的遥感卫星系统、国产高分辨率商业遥感卫星运营服务平台、北斗全球卫星导航系统
海洋工程	新型海洋工程设备，如浮式钻井生产储卸装置、浮式液化天然气储存和再气化装置、深吃水立柱式平台、张力腿平台、极地钻井平台、海上试验场等研发设计和建造技术，以及关键配套系统如升降锁紧系统、深水锚泊系统、动力定位系统、自动控制系统、水下钻井系统和柔性立管深海观测系统等

总体来看，高端装备制造业是装备制造业的核心，是现代产业体系的脊梁，能对周边产业产生巨大的带动作用，对提升装备制造业乃至整体工业竞争力发挥着关键性作用，大力发展高端装备制造业是提升装备制造业和整体工业竞争力、变“制造大国”为“制造强国”的迫切要求，对于重塑中国在全球产业价值链中的地

位有重要意义。

三、新能源与环保：绿色减排

（一）行业现状

新能源行业对环境和社会有举足轻重的作用。水电、风电、太阳能发电和太阳能热利用在能源生产过程中不排放污染物和温室气体，而且可显著减少各类化石能源消耗，同时降低煤炭开采的生态破坏和燃煤发电的水资源消耗。生物质发电排放的二氧化硫、氮氧化物和烟尘等污染物也远少于燃煤发电。新能源产业涉及领域广，既可有力带动相关产业发展、大幅增加新增就业岗位，也是实现脱贫攻坚的重要措施，对宏观经济发展能产生积极影响，更是实现经济发展方式转变的重要推动力。

进入新时期，“十九大”重点强调了绿色发展这一定义，并指出坚持人与自然和谐共生，建设生态文明是中华民族永续发展的千年大计。环保问题是人民日益增长的美好生活需要和不平衡不充分的发展之间的矛盾的重点之一，只有尊重自然的演变过程，改变粗犷的发展方式，才能取得生态文明的最终胜利。

（二）产业规模

新能源又称非常规能源，一般指在新技术基础上，可系统开发利用的可再生能源，包含传统能源之外的各种能源形式。主要包括核能、太阳能、风能、地热能、海洋能和氢能等。在我国，可以形成产业的新能源主要包括水能（主要指小型水电站）、风能、生物质能、太阳能和地热能等，皆为可循环利用的清洁能源。新能源产业的发展既是整个能源供应系统的有效补充手段，也是环境治理和生态保护的重要措施，是满足人类社会可持续发展需要的最终能源选择。

根据全国工商联新能源商会的《2016—2017 年中国新能源产业年度报告》，截至 2016 年年底，我国光伏发电新增装机容量 3454 万千瓦，累计装机容量 7742 万千瓦，新增和累计装机容量均为全球第一；全年新增太阳能集热系统总量 3952 万平方米，市场总保有量达到 4.6 亿平方米；全年新增风电装机容量 1930 万千瓦，累计并网装机容量达到 1.49 亿千瓦，占全部发电装机容量的 9%；生物质发电累计装机容量 1214 万千瓦；太阳能光热发电的总装机容量达到 2.8 万千瓦；地热能发电累计装机容量达到 2.6 万千瓦。

我国环保产业整体起步较晚，市场暂时还不太成熟。总体规模相对较小，并且很大程度上依赖于政府政策的推动。历经 30 年的发展，产业处于快速发展阶段，虽然总体规模相对很小，但其边界和内涵仍在不断延伸和丰富。产业目前已经成为涵盖环保设备制造、环保工程、环境保护服务和资源综合利用等领域的综合性产业，其主要细分领域包括大气污染治理、水处理及固废处理等。环保与新能源产业已被普遍认为是重塑经济发展结构的驱动力量。截至 2015 年年底，全国环保系统机构总数达到 14812 个，其中国家级机构 45 个，省级机构 398 个，地市级环保机构 2319 个，县级环保机构 9154 个，乡镇环保机构 2896 个。各级环保行政机构 3181 个，各级环境监察机构 3039 个，各级环境监测机构 2810 个。全国环保系统共有 23.2 万人。其中，环保机关人员 5.7 万人，占环保系统总人数的

24.6%；环境监察人员6.6万人，占环保系统总人数的28.6%；环境监测人员6.2万人，占环保系统总人数的26.5%。

（三）政策与创新

我国能源消费结构并没有发生显著的改变。石化能源，特别是煤炭消费在一次能源消费中一直居于主导地位，所占的比重分别达到九成和六成以上。因此新能源行业的发展仍然存在巨大空间。中央政府在近几年更是大力推动新能源发展，进一步削弱存在产能过剩的传统能源行业。

2016年12月，国家发改委发布的《可再生能源发展“十三五”规划》中，我国政府对新能源发展规定的首要任务是在“十三五”期间，要通过不断完善新能源扶持政策，创新新能源发展方式和优化发展布局，加快促进新能源技术进步和成本降低，进一步扩大新能源应用规模，提高新能源在能源消费中的比重，推动我国能源结构优化升级。主要措施为：（1）通过推进大型水电基地建设发展水电；（2）通过推进大型风电基地建设及发展海上风电开发发展风电；（3）通过促进光伏发电规模化应用及成本降低推动太阳能多元化利用；（4）通过建立健全资源收集、加工转化、就近利用的分布式生产消费体系加快发展生物质能；（5）加快地热能开发；（6）因地制宜开展海洋能开发利用以及推进海洋能发电技术示范应用；（7）推动储能技术示范应用以及提升储能技术经济性；（8）紧密结合“一带一路”倡议加强可再生能源产业国际合作。

近年来，我国新能源行业的技术装备水平显著提升，我国已逐步从可再生能源利用大国向可再生能源技术产业强国迈进。在水电方面，我国自主制造投运了单机容量80万千瓦的混流式水轮发电机组，掌握了500米级水头、35万千瓦级抽水蓄能机组成套设备制造技术。风电技术关键零部件基本国产化，5~6兆瓦大型风电设备已经试运行。光伏电池技术创新能力大幅提升，创造了晶硅等新型电池技术转换效率的世界纪录。同时，建立了具有国际竞争力的光伏发电全产业链，突破了多晶硅生产技术封锁，多晶硅产量已占全球总产量的40%左右，光伏组件产量达到全球总产量的70%左右。各类生物质能、地热能、海洋能和可再生能源配套储能技术也有了长足进步。

从环保行业方面来看，2017年5月环境保护部发布的《“一带一路”生态环境保护合作规划》中提出，到2025年，要夯实生态环保合作基础，进一步完善生态环保合作平台建设；制定落实一系列生态环保合作支持政策；在铁路、电力等重点领域树立一批优质产能绿色品牌；一批绿色金融工具应用于投资贸易项目；建成一批环保产业合作示范基地、环境技术交流与转移基地、技术示范推广基地和科技园区，形成生态环保合作的良好格局。到2030年，全面提升生态环保合作水平，深入拓展在环境污染治理、生态保护、核与辐射安全、生态环保科技创新等重点领域合作，使生态环保服务、支撑和保障能力全面提升。环保行业近年来也有一些技术创新，如在废水处理方面，2017年我国首创电子束处理工业废水技术，突破了当前难降解废水处理的技术瓶颈；在废气处理方面，也有如复旦大学发明的新型烟气制氢法，以及低温烟气脱硫脱硝等技术突破。

四、现代农业：生态有机

现代农业有高效益和市场竞争力，是衡量一国农业发展水平的最重要标志。现代农业是真正可持续发展的产业，广泛采用生态、有机、绿色等生产技术和生产模式，实现淡水、土地等农业资源的可持续利用，以达到区域生态的良性循环，成为一个良好可循环的生态系统。实现农业科学技术的现代化，需要广泛采用先进适用的农业科学技术、生物技术和生产模式，改善农产品的品质、降低生产成本，以适应市场对农产品需求优质化、多样化、标准化的需求。

（一）行业现状

根据国务院印发的《全国农业现代化规划（2016—2020年）》，我国对于现代农业的发展定位为农业的根本出路在于现代化，农业现代化是国家现代化的基础和支撑。没有农业现代化，国家现代化是不完整、不全面、不牢固的。在新型工业化、信息化、城镇化和农业现代化中，农业现代化是基础，不能拖后腿。要正视中国农业存在的问题。

1. 资源禀赋的短板制约

地少人多，资源瓶颈凸显。我国是一个地少人多的国家，2016年中国农业人口占总人口比例高达45.6%，而发达国家农业人口占比普遍仅有10%~20%。与此形成鲜明对比的是，2016年中国农民人均耕地面积仅为0.22公顷，大幅低于美国的65.2公顷，甚至低于世界平均1.1公顷的水平。这一数据与人们的直观印象是相符的：土地分散，小农经营。

需求刚性增长，供求缺口扩大。随着人口的增长和消费水平的提高，产生的农产品刚性需求也在不断扩大。我国十分有限的耕地和水资源已经越来越难以满足人民群众日益增长的消费需求，粮食、畜禽、水产和乳制品等农产品的供求缺口呈扩大之势。

2. 生产效率低下，市场化程度不高

现代农业需要提升综合生产率，包括较高的土地产出率和劳动生产率。2004 年以来，国内每亩粮食作物的总生产成本快速上升，其增速高于每亩产量的增速，导致粮食生产的净利润呈下降趋势。“高成本”也成为我国农业生产效率低下、竞争力薄弱的核心原因。

为了保证农民种粮积极性，解决“卖粮难”问题，国家实施农产品最低价收储和临时收储政策。收储制度采取价格手段人为托底，虽然走出“高库存”与“高进口”共存的窘境，但是导致农产品市场化价格机制缺失。

成本和效率差异导致国内外大宗农产品价差长期存在。全球大宗商品结束长达 15 年的牛市而全面走熊，海外农产品价格一路下滑；但受收储政策支撑的国内粮食价格异常坚挺，导致内外价差持续扩大。随着国内经济增速放缓，终端需求不足的同时成本却居高不下，导致下游农产品深加工和畜牧业苦不堪言，国内粮食库销比不断攀升，收储制度改革的呼声越来越高。

（二）产业规模

我国农业现代化衍生的产业包括上游农资的规模采购、测土配方施肥，中游种植的机械化、自动化，下游农产品的仓储、物流、加工等配套服务，还包括农产品溯源系统、高端品牌农业和供应链金融等全产业链的转型升级。

现代农业规模化后具有数千亿元利润空间。我国拥有家庭承包耕地 13.64 亿亩，将其现代化改造及规模化经营后，公司端亩均利

润有100~200元，由此仅在种植端的利润空间就高达1300亿~2600亿元。如果考虑衍生出来的粮食流通加工和供应链金融，那么利润空间将进一步放大。如此的产业规模，足以孕育出超大型公司。

（三）政策与创新

绿色是现代农业的重要标志，实施现代农业必须牢固树立“绿水青山就是金山银山”的理念，推进农业发展绿色化，补齐生态建设和质量安全短板，实现资源利用高效，生态系统稳定，产地环境良好，产品质量安全。国务院于2016年印发了《全国农业现代化规划（2016—2020年）》，明确了农业现代化的重要性及必要性，明确了农业现代化的规划及部署。“加快发展现代农业，促进农民持续增收”，李克强总理在政府工作报告中再次强调了农业现代化的重要性。现代农业的精髓在于提高农业生产效率，只有效率提高了，才能实现农民的持续增收。

农业技术创新与突破非常重要，主要应重视以下几点。

1. 现代种业与疫苗

2016年1月1日实施的新《种子法》明确规定，致力于剥离科研院所的商业化职能，种业的竞争格局将由过去的拼渠道、拼价格、拼促销的同质化与低质化竞争，全面升级为拼研发、拼品质、拼创新的现代化高质量竞争。随着养殖集约化的提高和养殖规模的扩大，畜群密度加大、流动频繁，为动物疾病的流行和暴发创造了有利条件，造成动物发病率、死亡率的提高和生产性能的下降。规模化养殖场发生各种疫病的概率和风险大于散户，发病后产生的损失更是呈几何倍数增加。因此，规模化养殖企业的防疫意识显著高于散养户，并对我国的动物防疫水平提出更高要求。我国养殖业规模化进程的推进，对疫苗的需求和支出将大幅提升。

2. 生物育种

生物育种技术也就是“转基因”。尽管社会各界对转基因的质疑和反对之声不断，但其在全球范围内的推广和普及始终保持着惊人的速度。植物转基因技术给农业和林业带来的好处是显而易见的。首先，能大大提高产量、丰富作物的营养价值。其次，这些作物具有良好的遗传特性，生命力异常顽强，不仅能够抵抗自然灾害，在恶劣的地理和气候环境下存活，甚至还可以在全球最贫瘠的土地上生长。最后，转基因作物具有抗杂草、抗病毒和抗虫害的能力，减少化学杀虫剂的使用，减轻环境污染。

在我国十分有限的土地上，最大限度地提高农作物单产显得尤为重要。随着生物技术尤其是转基因育种的推广，有望缓解我国农产品需求刚性增长与土地、淡水等资源瓶颈之间的矛盾。

3. 信息化与机械化融合

随着种植规模化和工业 4.0 的推进，农业机械化有了更广阔的应用空间和发展前景，在农业生产经营活动中发挥着越来越重要的作用。此外，第一产业和第二产业的互联网化还处于初级阶段，广大农村将是消费互联网尤其是移动互联的下一片“蓝海”。通过先进的互联网技术加快产业升级，激发农村经济活力，从而拉动内需。以自动化为核心的现代工业技术从供给端入手，成为农业产业升级的最大推动力。随着传感技术、人工智能、大数据和云计算等科技创新的发展和普及，我国的农业生产将迎来全面现代化，会实现产业链上下游的融合与重构、跨界与颠覆。

五、新一代电子信息：万物互联

新一代电子信息产业主要包括上游的电子材料，中游的电子元器件和硬件，下游的软件、信息和网络服务。在智能化浪潮的冲击下，人机物融合、“万物互联”已成大势所趋，新的社会化互联基础设施正在形成，主要包括云、网、端三个层面。其中，“云”是指在计算、运行、处理层面的云计算、大数据等基础设施；“网”是指在连接、互通、共享层面的互联网、物联网等基础设施；“端”是指在用户应用层面的各类智能终端，以及传感器、RFID（射频识别）等硬件元器件和中间件、操作系统等软件，既是信息的来源，也是提供基于信息的增值服务交互平台。云、网、端逐渐由以智能为导向的产业链的中心组成，电子信息产业链由链状向以智能为导向的网状产业链发展，如图 10.3 所示。

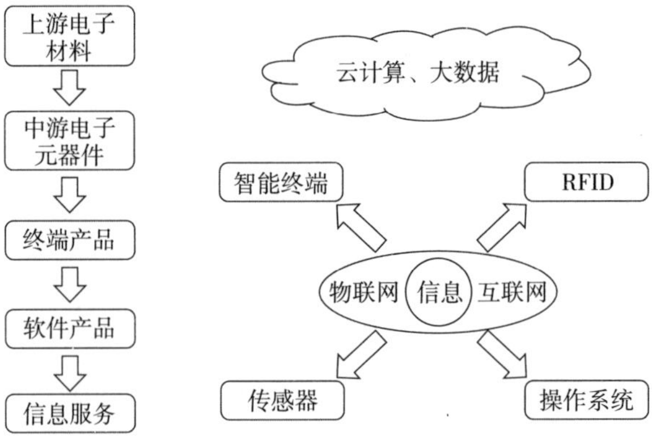

图 10.3　电子信息产业链示意图

（一）行业现状及产业规模

改革开放以来，我国电子信息产业获得了快速发展，取得了巨大成就：一是产业结构不断优化；二是产业基础加快发展；三是产业产值增长迅速。目前，电子信息产业已成为我国工业的第一大支柱产业。

2016 年我国电子信息产业主营业务收入达 17 万亿元，是 2012 年的 1.55 倍，年均增速 11.6%，其中电子信息制造业为 9.5%，软件业为 18.1%，增速始终居各主要行业前列，有力支撑了国民经济的稳定增长。2016 年电子信息产业利润总额达到 1.3 万亿元，是 2012 年的 1.89 倍，年均增速 17.3%，其中电子信息制造业为 16.5%，软件业为 18.2%。

2017 年，我国电子信息产业整体运行更是呈现稳中有进、稳中向好的态势。规模以上电子信息制造业增加值增长 13.8%，高于全国工业平均水平 7.2 个百分点。电子制造业与软件业收入近 20 万亿元，同比增长 10%以上。规模以上电子信息制造业利润总额超过 7000 亿元，同比增长 15%以上，行业平均利润率达到 5.4%，比上年提高 0.2 个百分点。软件业利润总额超过 6500 亿元，同比增长 10%以上，企业平均利润率超过 7.0%。电子信息制造业收入与利润占全国工业比重进一步提升，双双超过 10%。从结构调整与动能转换来看，一方面，传统规模优势继续保持，手机、计算机和彩电产量稳居全球第一；另一方面，主要行业和产品的高端化、智能化发展成果显著，智能手机、智能电视市场渗透率超过 80%，智能可穿戴设备、智能家居产品、虚拟现实设备等新兴产品种类不断丰富。在虚拟现实/增强现实、无人驾驶、人工智能、无人机和智慧健康养老等新兴领域，国内涌现出一大批创新型企业，技术和应用在全球处于领先位置。

但与此同时，如今我国的电子信息产业也存在诸多问题。归纳来说：一是创新能力整体偏弱，以企业为主体的创新体系尚不完善；二是基础配套能力不足，关键材料、核心零部件等瓶颈突出；三是产品质量和可靠性亟待提升；四是品牌建设滞后，缺少具有国际影响力的品牌和领军型企业；五是人力资源缺乏，尽管中国的人才市场拥有相当数量的各种人才，但由于我国信息人才的培养起步较晚，以致信息人才尤其是高级信息人才的供给在短时间内和需求相比还存在很大缺口。

（二）政策导向

电子信息行业是国家战略高新技术行业，是国家建设创新型国家的重要领域，目前已有多个国家重大专项和科技创新项目。《国家中长期科学和技术发展规划纲要（2006—2020年）》确定的国家十六个科技重大专项中有三个专项是在电子信息领域，分别是核高基重大专项（核心器件、高端芯片和基础软件）、集成电路装备专项（极大规模集成电路制造装备及成套工艺）和宽带移动通信专项（新一代无线宽带移动通信）。

近年来，国家先后发布了《国务院关于积极推进“互联网+”行动的指导意见》《国务院关于深化制造业与互联网融合发展的指导意见》《促进大数据发展行动纲要》《国家信息化发展战略纲要》等文件，强调了中国信息产业的战略意义。在国家整体“十三五”规划中，首先是工信部联合发改委在2017年1月发布《信息产业发展指南》，确定了集成电路、基础电子、基础软件和工业软件、关键应用软件和行业解决方案、智能硬件和应用电子、计算机与通信设备、大数据、云计算、物联网九个领域的发展重点，提出到2020年基本建立具有国际竞争力、安全可控信息产业生态体系的发展目标；工信部随后在同日印发了《大数据产业发展规划（2016—2020年）》《软件和信息技术服务业发展规划（2016—2020年）》《信息通信行业发展规划（2016—2020年）》三大规划，进一步明确了我国信息产业的未来发展目标。

（三）技术创新与突破

近年来，中国电子信息行业产业的创新体系不断完善。基于国产众核处理器的“神威·太湖之光”超级计算机，继续蝉联全球超算500强榜首。集成电路行业保持高速增长势头，收入规模突破5000亿元；3D NAND闪存芯片（三维闪存芯片）从无到有；华为发布麒麟970智能芯片；飞腾、龙芯、兆芯等国产CPU性能持续提升，与国际领先水平差距进一步缩小，显示了“中国芯”的强大力量。随着工业强基工程的深入实施，电池隔膜材料、微电机系统传感器、石墨烯等基础产品打破国外垄断，解决了一批“卡脖子”问题。在软件和通信领域，云计算、大数据、工业互联网、人工智能等新兴技术加速推广应用；5G、下一代互联网、超高速大容量光传输技术、量子通信等前沿技术的研发和商用进程也不断加快。此外，国家制造业创新中心建设取得新突破，创新体系建设不断完善。

随着信息技术的快速发展，我国智能化已呈现爆发趋势。从智能城市、智能交通到智能家居、智能医疗、智能教育，从宏观到微观，智能生活正扑面而来。如今，越来越多的智能产品，如看护机器人、智能警察、火车站人脸识别进站等频繁出现在人们日常生活中。未来更多的智能终端连接将变得更加灵活与紧密，充满无限可能的万物互联时代也在悄然迫近。另外，人工智能也在2017年迅速崛起，成为全球新的浪潮，由此带来全新的商业模式和机遇。在此浪潮下，越来越多的传统产业开始拥抱“人工智能+”，借此变革旧有理念和观点。我国在人工智能领域具有先天优势，加之国家政策的大力扶持，预计人工智能将在我国全面爆发，引领未来产业方向。

(四) 产业定位与未来价值

近年来，电子信息行业除自身效益水平提升外，为其他产业“赋能”已成为不争的事实，成为我国产业融合发展的“润滑剂”和“加速器”。我国工业化与信息化加速深度融合，数字驱动的工业新生态正在构建，企业“上云”行动成效显现，一批新型工业App实现商业化应用，制造业骨干企业“双创”平台普及率提高。此外，信息技术与经济社会各领域跨界融合不断加深，数字经济、平台经济和共享经济广泛渗透，高铁、移动支付、网络购物和共享单车被称为中国的“新四大发明”，正在改变全球的经济和产业格局。

在对于信息产业的未来定位中，产业应以智能制造为主攻方向，大力发展工业智能传感器、智能工控系统、工业机器人等核心技术产品和智能装备系统。深化智能信息技术与农业、医疗、交通、能源、金融、安防等行业领域的融合，加快人工智能技术在家居、汽车、无人系统和安防等领域的推广应用，积极发展智慧医疗、智慧交通、智能电网和智能安防等服务，积极开展典型智能化应用示范，加速传统产业由信息化向智能化转型，带动实现新发展。

六、轨道交通与航空航天：高速飞行

交通是国民经济中的先导性产业，是重要的服务性行业。以轨道交通和航空航天为核心，构建现代综合交通运输和创新服务体系，是推进供给侧结构性改革、推动国家重大战略实施的客观要求。未来工农业生产迅速发展，经济基础日益增强，随着城市化进程以及经济发展的加快，对连接城市与城市、城市与农村、农村与农村间的交通运输状况提出了新的要求。交通作为最直接有效的流通形式和先导工程，在当今的经济发展建设过程中发挥着至关重要的作用。

（一）行业现状及产业规模

我国轨道交通基础设施规模不断扩大，运量也快速提高。根据我国统计局发布的数据显示，2013—2017 年，全国铁路完成固定资产投资 3.9 万亿元，新增铁路营业里程 2.94 万公里，其中高铁 1.57 万公里，是历史上铁路投资最集中、强度最大的时期。截至 2017 年年底，全国铁路营业里程达到 12.7 万公里，其中高铁 2.5 万公里，占世界高铁总量的 66.3%，铁路电气化率、复线率分别居世界第一位和第二位。铁路技术装备实现升级换代，动车组上线运营达 2522 组，较 2013 年增长 149%，电力机车占比达到 62%，载重 70 吨及以上货车占比达到 50%，重型钢轨、无缝线路里程大幅延长，调度集中系统广泛运用。中国交通出行结构如图 10.4 所示。

我国航空行业目前尚处于快速成长期，市场准入门槛较高。从收入构成来看，分为客运和货运收入，其中客运收入占比较高，是

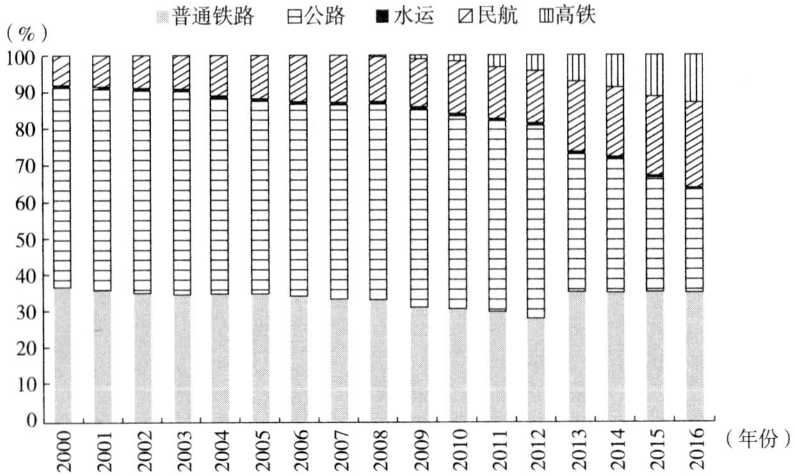

图 10.4　中国交通出行结构

影响航空公司业绩的主要因素。相较于美国，我国的民航业集中度较高，垄断性较强，当行业景气向上时，航空公司能够获得稳定持续的盈利。随着我国人均消费水平的持续提高，市场现存航空公司将主要受益于行业增长。民航站在高端出行方式的金字塔顶峰，以高速、舒适、安全著称，我国民航发展从无到有，历经变革，多年保持两位数增速，2016 年民航旅客运输量达到 4.88 亿人次，相比 2000 年增长 628%，年均增长率达到 13.2%。我国出行市场逐步形成航空、高铁共同覆盖高端旅客（双方在平均运距上分别对应中长途与中短途）、普通铁路覆盖中长途普通旅客、公路覆盖短途普通旅客的层级结构。若按周转量占比计，2016 年民航占比 23%，高铁仅为 13%。

在航天领域，中国已具备较为完整配套的航天工业体系，“十二五”至“十三五”期间全国航天产业实现技术大突破、能力大拓展以及模式大创新。面向经济社会发展对空间应用的重大战略需求，全国航天装备研制生产与发射能力快速提升并步入世界先进行列，航天科技重大专项取得关键性突破，应用卫星逐步提供大规模业务化服务，卫星应用产业持续高速发展。中国航天逐步步入了转型发展关键期，技术上从追赶先进技术为主向研发国际一流技术转变，服务模式上从试验应用型为主向业务服务型为主转变，应用上从主要依靠国外数据与系统向主要依靠自主数据与系统转变，发展机制上从政府投资为主向多元化、商业化发展转变。

（二）政策导向

2017 年 2 月国务院发布了《“十三五”现代综合交通运输体系发展规划》（以下简称《规划》），为现代交通运输行业制订了未来几年内的发展计划。《规划》中突出的行业发展要点为：要更好满足多元、舒适、便捷等客运需求和经济、可靠、高效等货运需求；要突出对“一带一路”建设、京津冀协同发展、长江经济带发展三大战略和新型城镇化、脱贫攻坚的支撑保障；要更加注重提高交通安全和应急保障能力，提升绿色、低碳、集约发展水平；要适应国际发展新环境，提高国际通道保障能力和互联互通水平，有效支撑全方位对外开放。现代交通行业应以高速铁路、高速公路和民用航空等为主体，构建服务品质高、运行速度快的综合交通骨干网络，推进高速铁路建设。

从航天行业的角度，《国家民用空间基础设施中长期发展规划》及一系列国家政策的颁布实施，为航天产业体系化、规模化和多元化发展奠定了基础。2014 年 10 月国务院常务会议通过决定，支持和引导民间资本参与卫星导航地面应用系统等国家民用空间设施建设，研制、发射和运营商业遥感卫星。2016 年 12 月国务院发布的《2016 中国的航天》白皮书，则从多个方面阐述了中央政府对于航天行业的激励政策。其中，加快推进工业化与信息化的深度融合，实现航天工业能力向数字化、网络化、智能化转型，以及鼓励引导民间资本和社会力量有序参与航天科研生产、空间基础设施建设、空间信息产品服务和卫星运营等航天活动，大力发展商业航天颇为引人注目。

（三）技术创新与突破

瞄准国际交通科技发展前沿，我国在交通装备、交通信息化与智能化、交通安全和交通基础设施等方面的技术创新取得了重大突破，并取得了一批标志性的重大科技成果，发挥了科技对交通运输的支撑和引领作用（见表 10.2）。我国突破了一批交通运输重点装备的关键技术，使我国高速列车、重载列车、城轨列车和电动汽车等交通运输装备水平跃居世界前列；攻克了一批交通运输信息化和智能化关键技术，推动了我国交通系统的发展转型，初步培育了我国智能交通产业；突破了以桥梁、隧道为代表的一批重大交通基础设施建设和养护关键技术，引领了世界交通基础设施建养技术的发展。

航天行业的发展也是我国整体发展战略的重要组成部分，不仅可以提高我国的信息传输能力和军事实力，而且航天技术能很快地转换成军事技术。从国际经验来看，航天行业的进步也可以推进高新产业的升级。如今很多高端的民用产品，都是从军品转化而来的，如高端电子电路板、航机发动机和航电系统等，因此航天事业的发展可以极大地推动民族产业的创新升级。

表 10.2　轨道交通及航天领域的重点技术及创新

关键项目	技术突破
轨道交通	中国标准新型高速动车组、节能型永磁电机驱动高速列车、30 吨轴重重载电力机车和车辆、大型养路机械等产品系列，时速 500 公里轮轨试验列车、时速 600 公里磁悬浮系统等新型列车研发和产业化，构建完整产业链；时速 120～160 公里、与城市轨道交通无缝衔接的市域（郊）铁路装备，适应不同技术路线的跨座式单轨，自动导轨快捷运输系统等研发与应用，时速 200 公里及以下中低速磁悬浮系统
民用航空	系列化单通道窄体、双通道宽体大型飞机，系列化新型涡桨/涡扇支线飞机及先进通用航空器
空间工程	星座和专题卫星组成的遥感卫星系统、国产高分辨率商业遥感卫星运营服务平台、北斗全球卫星导航系统
航天工程	航天器：运载火箭、载人航天应用、空间站核心舱和实验舱，载人和货运飞船；航天医学与生物学研究；航天测控领域在地月转移轨道控制技术、月球卫星精密定轨技术、大时延多模态下的卫星状态监视与控制技术、多体制联合测控技术等

七、医疗健康：浪潮初生

医疗健康是有巨大市场潜力的新兴产业，涉及医药产品、保健用品、营养食品、医疗器械、保健器具、休闲健身、健康管理和健康咨询等多个与人类本身紧密相关的生产和服务领域。健康越来越受到国人的关注和重视，未来会成为我国经济中一大“朝阳产业”。

（一）行业现状

1. 医疗健康产业门类众多

医疗服务水平的高低直接决定了我国居民的健康水平，对我国国民经济发展至关重要。随着社会经济的发展和人民生活质量的提高，居民的健康意识逐渐增强，对医疗服务产品等多样化的需求也显著增加。中国医疗健康产业主要分类见表 10. 3。

表 10. 3　中国医疗健康产业主要分类

类别	内容
医疗	医疗服务，药品、器械以及其他耗材产销、应用为主
跨（泛）医疗	健康理疗、康复调理、生殖护理、美容化妆
保健	保健食品、功能性饮品、健康用品产销
健康管理	个性化健康检测评估、咨询顾问、体育休闲、中介服务、保障促进和养生服务
健康配套产业	消杀产品、防疫、健康家居、医药健康产品终端化、中转流通、专业物流配送等

2. 医疗需求刚性化

我国诊疗人数与入院人数持续增长。随着居民对健康重视程度的提高，我国医疗机构诊疗人数与入院人数呈上升趋势。2016 年，全国医疗卫生机构总诊疗人次达 79. 3 亿人次，比 2015 年增加 2. 4 亿人次（增长 3. 1%）。2016 年居民到医疗卫生机构平均就诊 5. 8 次。诊疗人数的快速增加表明我国居民对医疗服务产品的需求增强，有利于促进我国医疗服务市场的快速发展。

3. 以公立医疗机构为主导

目前，我国坚持以公立医疗机构为主导、非公立医疗机构共同发展的办医原则。政府负责公立医院的基本建设和大型设备的采购，对公立医院承担的公共卫生任务给予专项补助。公立医院的规模都比较大，基础设施建设、医疗设备配置及就医环境都比较好，一般都是当地医疗、科研、预防、保健和康复的中心。

4. 医院资源分布不均衡

目前，我国80%的医疗资源集中在20%的大城市，居民就诊多集中在大医院，导致大医院出现看病等待时间长，住院床位紧缺的现象。同时，由于在医疗设备、医疗检查等环节的管理与对接存在严重浪费，本来就紧缺的医疗资源更加捉襟见肘。

（二）行业规模

在当前的宏观环境下，我国人口结构的改变、老龄化加速以及一系列政策红利给医疗服务行业带来了黄金发展期。如图 10. 5 所示，中国的医疗服务市场在 2012—2016 年保持了高速增长，达到近 3 万亿元的总规模，年均复合增长率超过 15%。其中非公立医疗服务市场增速更快，超过 25%，接近 3000 亿元的市场规模。

随着中国经济的持续增长，社会保障水平也不断提高，我国卫生总费用呈现不断上升的趋势。2016 年中国卫生总费用总额持续增长，达到 42145 亿元，同比增速 8. 69%。我国卫生费用支出与发达国家相比处于较低的水平。2016 年我国卫生总费用支出占 GDP 的 6. 2%，远低于欧美等发达国家 8%~10%的支出比例。

政府预算卫生支出比例不断加大。2016 年全国财政医疗卫生支

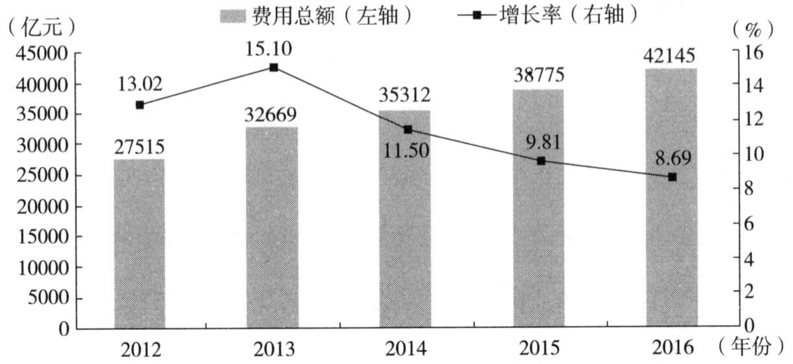

图 10.5　2012—2016 年中国卫生总费用及增速

出 1.32 万亿元，比 2015 年增长 10%。政府医疗卫生支出占财政支出的比重提高到了 7.0%。

个人卫生支出持续增长。我国个人卫生支出费用持续增长。2016 年个人卫生支出 13337.9 亿元，同比增速 11.2%。

我国人口老龄化推动医疗服务需求。根据国家统计局最新发布的数据，2016 年我国 60 周岁及以上人口有 23086 万，占总人口的 16.7%。预计 2050 年，中国老年人口将达到 4.8 亿。据统计，2012 年 65 周岁以上人口的年均医疗花费为 1072 元，因此，未来老龄化趋势的加速会推动我国医疗服务行业需求持续增长。

(三) 政策与创新

1. 大力推进公立医院综合改革

公立医院综合改革方面（见图 10.6），医药分开、价格调整、薪酬人事、政事分开、分级诊疗等是关键。2017 年 4 月，卫计委等七部委联合发布《关于全面推开公立医院综合改革的通知》，要求深化医疗、医保、医药三医联动，增强改革的系统性、整体性和协同性。2017 年 4 月 26 日，国务院发布《关于推进医疗联合体建设和发展的指导意见》，有关医联体建设的主要形式见表 10.4。2017 年 5 月，卫计委发布《关于做实做好 2017 年家庭医生签约服务工作的通知》，要求 2017 年以省（区、市）为单位要在 85%以上的地市开展家庭医生签约服务工作，签约服务人群覆盖率达到 30%以上。

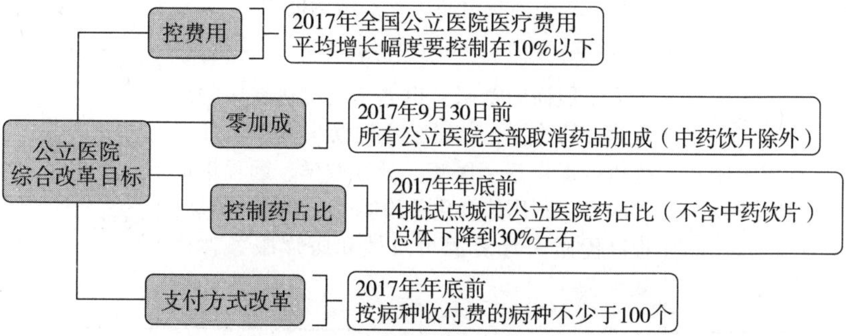

图 10.6　公立医院综合改革目标

表 10.4　医联体建设的主要形式

名称	内容	代表
城市医联体	在设区的市级以上城市，由三级公立医院或者业务能力较强的医院牵头，联合社区卫生服务机构、护理院和专业康复机构等，形成资源共享、分工协作的管理模式。在医联体内以人才共享、技术支持、检查互认、处方流动、服务衔接等为纽带进行合作	深圳罗湖医疗集团、江苏镇江康复医疗集团
医共体	重点探索以县级医院为龙头、乡镇卫生院为枢纽、村卫生室为基础的县乡一体化管理，与乡村一体化管理有效衔接。充分发挥县级医院的城乡纽带作用和县域龙头作用，形成县乡村三级医疗卫生机构分工协作机制，构建三级联动的县域医疗服务体系	安徽天长

续表

名称	内容	代表
跨区域的专科联盟	根据不同区域医疗机构优势专科资源，以若干所医疗机构特色的科技术力量为支撑，充分发挥国家医学中心、国家临床医学研究中心及其协同网络的作用，以专科协作为纽带，组建区域间若干特色专科联盟，形成补位发展模式，重点提升重大疾病救治能力	北京市儿童医院儿科联盟
远程医疗协作网	大力发展面向基层、边远和欠发达地区的远程医疗协作网，鼓励公立医院向基层医疗卫生机构提供远程医疗、远程教学、远程培训等服务，利用信息化手段促进资源纵向流动，提高优质医疗资源可及性和医疗服务整体效率	中日友好医院远程医疗网络

2. 鼓励社会办医

发展第三方医疗服务、鼓励养老服务发展、诊所开办放宽是关键词。2017 年 3 月，卫计委发布《医师执业注册管理办法》，允许在职医生多点执业，开办诊所，为诊所潮提供了充足的人才供给。2017 年 5 月，卫计委颁布《关于支持社会力量提供多层次多样化医疗服务的意见》，要求到 2020 年社会力量办医能力明显增强，医疗技术、服务品质、品牌美誉度显著提高，专业人才、健康保险、医药技术等支撑进一步夯实，行业发展环境全面优化。2017 年 8 月，卫计委印发《深化“放管服”改革激发医疗领域投资活力的通知》提到，要进一步简化医疗机构审批程序，对二级及以下医疗机构的设置审批与执业登记“两证合一”。有关支持社会办医的要点见图 10.7。

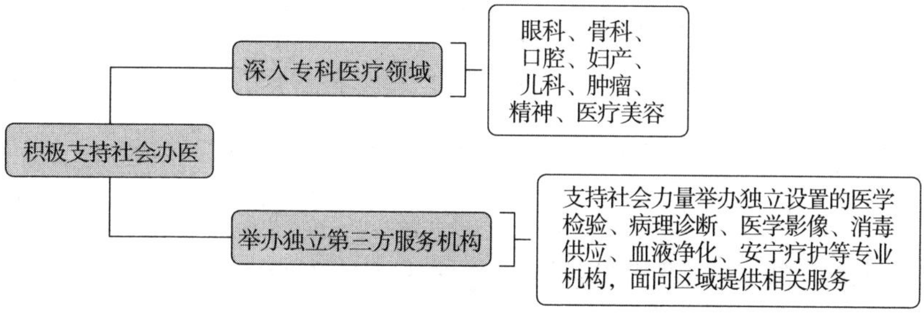

图 10.7 支持社会办医的要点

医疗改革的逻辑在于解决供求的问题，通过公立医院综合改革和鼓励社会办医调整医疗的供给结构，对社会供应更多、更优质的医疗服务，逐步减轻居民对公立医疗体系的依赖，完善国民医疗体系。

3. 创新技术提高效率

医疗服务行业的核心是如何用最经济、快捷的方式为患者提供最适用的服务。中国中产阶级的崛起及新生代涌入的时期，更能接受新的事物，从而会加速新技术、新服务在中国的落地。

患者对远程诊疗等技术的应用需要较为迫切。医院和其他医疗设施中存在的地理障碍和很长的等待时间为远程医疗技术的发展提供了可能。移动技术的发展和消费者需求的增加有助于远程诊疗的广泛采用。预计 2018 年全球将有超过 1900 万名患者使用这些远程监控设备，700 万人将使用远程医疗服务。此外，患者集中监测也是一大趋势，使用先进技术的新的创新医疗监测设备已经出现，例如，通过感应器和高清摄像头监测患者的血压、心率、呼吸频率、脉搏和血氧饱和度等信息。这些监测数据被整合后，如果发现异常，就会触发现场干预。据 2016 年的一项研究显示，93%的使用集中监控系统且经历了心脏呼吸骤停的患者能够获得更高的存活率。

总的来看，中国医疗服务行业受人口老龄化、城镇化、财富增长以及基本医疗保障制度改革等多重因素影响，新市场格局正在建立。公立医院应从以下几个方面着手：改变绩效管理体系、改善患者体验、引入营销管理与患者建立稳固互信的关系、建立标准化的医疗服务和临床流程以及完善医院信息系统。民营医疗机构在战略定位上应当综合考虑地方经济发展水平、供需状况以及医改和税收政策，结合自身实力以确定恰当的医疗服务板块和进入模式。毫无疑问，在现代社会中，人们对生活质量的重视以及保健意识的增强会推动健康服务领域的飞速发展，远程医疗、移动医疗以及可穿戴设备等新兴技术及服务的前景十分广阔。

第十一章

虚拟部门：携手共赢

当一场严重的恐慌爆发时，整体经济难免会遭到重创。在充斥着恐慌和不确定性的形势下，投资者只想持有安全性和流动性最强的资产……削弱了公司获取新资本的能力……好像都按下了暂停键，招聘、投资、支出等活动迅速减少，导致经济陷入衰退。

——本·伯南克（美联储前主席）

一、金融欠发达是“务虚”之源

作为经济失衡的前兆，研究中一般将资金过度流入资产价格部门（如房地产），且将实体部门（如制造业）所获资金占比减少定义为“脱实向虚”。中国从根本上来说是因为金融体系欠发达，市场化程度不够，最终导致实体经济与虚拟经济结构失衡。

（一）多行业呈现“向虚”之景

目前中国经济运行仍存在不少突出矛盾和问题，主要表现为实体经济与虚拟经济、国有投资与民间投资、国内投资与国外投资失衡。以农业、工业、建筑业、批发和零售业、交通运输仓储和邮政业、住宿和餐饮业的生产总值作为实体经济宽口径计算，我国实体经济规模占 GDP 比例从 2011 年的 71.5%下降到 2015 年的 66.1%（见图 11.1），而同期货币供应量 M2 与 GDP 的倍数从 1.74 上升到 2.03。另外，麦肯锡最近一份针对中国 3500 家上市公司和美国 7000 家上市公司的比较研究表明，中国经济利润的 80%被金融企业“拿走”，而美国的经济利润只有 20%归金融企业。实体经济与虚拟经济的失衡是我国经济运行的最大风险。

原有实体经济部门的问题还不仅是增长下滑，结构性、机制性问题更为突出。第一，相当数量的实体经济质量较差。不少行业

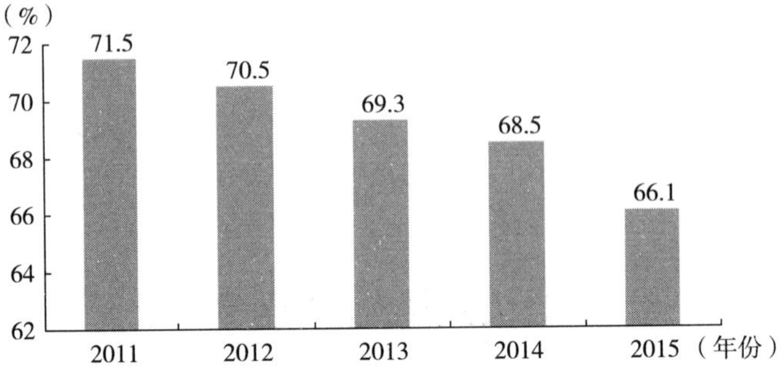

图 11.1　实体经济规模占 GDP 比重

现在已经处于“产能过剩”阶段，但产品的质量仍然摆脱不了“低、次、劣”。第二，相当多的实体经济行业或企业技术落后。不但企业在自主投资和长期研发投入方面逐年减少，而且科技成果迟迟不能落地。第三，传统工业和实体企业的生态环境压力巨大。第四，实体经济体制、机制改革亟待深化，政府职能越位、缺位、不到位的问题依然存在，管理服务能力还不够。资源要素价格改革还不到位，要素价格扭曲、市场信号失真，导致产业分化严重、增长缓慢。

更为严重的是，大量实体企业纷纷介入金融或投资经营，加剧了“脱实向虚”，资金过度追逐房地产资产炒作与金融理财产品，纯粹从事以钱生钱的资本运作。近几年来，实体企业混业经营银行、保险、信托、证券、基金等已成为一种趋势。一些上市公司一边定增募资，一边购买理财产品，不少实体企业“弃实投虚”，造成实体经济存在一定程度的“失血”“抽血”问题。

（二）追求短期利益加剧“脱实”

大量资金“脱实向虚”之所以成行，是因为多重经济主体追求自身利益冲动，加剧了治理这一问题的复杂性。

银行业大量资金脱离实体经济投向理财产品，加剧“脱实向虚”。2015年中国金融总资产近250万亿元，其中银行业总资产占近90%。由于经济下行，实体经济投资回报率低，银行业大量资金脱离实体经济投向理财产品，“影子银行”的表外资金循环冲击了银行正常的资金流通。据中国银行业协会统计显示，2015年年底的银行理财产品余额达23.50万亿元，同比增长56.46%，大量货币资本在银行和各种金融机构之间循环获利和套利，形成资金空转，既冲击了银行正常的资金流通，又加剧了流动性不足的“钱荒”，积聚了金融风险。

为追求短期利益，大量的闲置资本流入房地产、金融等虚拟经济领域进行投机套利活动。民间非法集资和各种金融诈骗形成资金空转的体外循环加剧资金“脱实向虚”。近几年来，经济下行压力增大，非法集资也越来越频繁，主要有三个特点：一是区域性风险集中，蔓延扩散速度加快；二是非法集资组织化、网络化趋势日益明显；三是重点行业领域风险突出，严重破坏正常市场秩序。

二、地产与泛金融：抑制虚火

泛金融和房地产部门在我国经济中的比重日益提高，近年来甚至出现了“虚火旺盛”的情形，作为“金融深化”的必然产物，它们在运行上具有内在的波动性，给中国经济带来了隐患。

（一）地产：去除泡沫

近期经济处于“虚火旺盛”的状态，社会中资产泡沫比较严重，抑制资产泡沫首要的就是抑制房地产业。不少人认为，中国实体经济被房地产业绑架了。普通百姓也极度关注房地产，上市公司、国有企业70%以上都以各种形式投入或参与房地产业。

一般而言，全球的房地产市值/GDP的正常水平通常保持在200%左右，中国的城市住宅总市值/GDP近年来逐渐增高，2015年城市住宅总市值/GDP的比值达到了255%，比全球平均水平高出42%，但对于其中泡沫的累积应当引起警惕。2016年上半年我国国内生产总值为34.06万亿元，按可比价格计算，同比增长6.7%。从分产业来看，第一产业增加值22097亿元，同比增长3.1%；第二产业增加值134250亿元，增长6.1%；第三产业增加值184290亿元，增长7.5%。但从我国四个直辖市的房价水平走势来看：一线城市北京、上海，2016年第二季度的平均房价分别高达23291元/平方米和23406元/平方米，较1999年分别上涨了17644元/平方米和19984元/平方米；二线城市天津、重庆，2016年第二季度的平均房价分别为11729元/平方米和6680元/平方米，较1999年分别上涨了9478元/平方米和5303元/平方米，房屋价格都出现了明显的增长。

2016年全国房地产开发投资102581亿元，比2015年名义增长6.9%（扣除价格因素实际增长7.5%），增速比1～11月提高0.4个百分点。其中，住宅投资68704亿元，增长6.4%，住宅投资占房地产开发投资的比重为67.0%。

随着房价的上涨，新增的居民中长期贷款有了明显的提升，从2015年8月的新增2855亿元增长到2016年8月的新增5286亿元，同比增长 85. 15%。房地产开发商的资产负债率近十几年来基本上都位于 70%~80%的区间内。从 2008 年开始，房地产开发商的资产负债率更是逐年上升，2014 年已达到 77%，高负债比率会给企业的经营带来风险，也潜在地使银行经营风险被间接绑架在房地产周期之中，成为可能引发系统性风险的隐患。

2016 年房地产开发企业房屋施工面积为 758975 万平方米，比 2015 年增长 3. 2%，其中，住宅施工面积为 521310 万平方米，增长 1. 9%；房屋新开工面积为 166928 万平方米，增长 8. 1%；房屋竣工面积为 106128 万平方米，增长 6. 1%，其中住宅竣工面积为 77185 万平方米，增长 4. 6%。2016 年房地产开发企业土地购置面积为 22025 万平方米，比 2015 年下降 3. 4%；土地成交价款 9129 亿元，同比增长 19. 8%。

2016 年商品房销售面积为 157349 万平方米，比 2015 年增长 22. 5%。其中，住宅销售面积增长 22. 4%，办公楼销售面积增长 31. 4%，商业营业用房销售面积增长 16. 8%。商品房销售额为 117627 亿元，增长 34. 8%。其中，住宅销售额增长 36. 1%，办公楼销售额增长 45. 8%，商业营业用房销售额增长 19. 5%。2016 年年底商品房待售面积为 69539 万平方米，比 11 月底增加 444 万平方米。其中，住宅待售面积减少 200 万平方米，办公楼待售面积增加 195 万平方米，商业营业用房待售面积增加 234 万平方米。

2016 年，房地产开发企业到位资金 144214 亿元，比 2015 年增长 15. 2%，增速比 1 ~ 11 月提高 0. 2 个百分点。其中，国内贷款 21512 亿元，增长 6. 4%；利用外资 140 亿元，下降 52. 6%；自筹资金 49133 亿元，增长 0. 2%；其他资金 73428 亿元，增长 31. 9%。在其他资金中，定金及预收款41952亿元，增长29.0%；住房抵押贷款24403亿元，增长46.5%。

房地产业相关的产业高达几十种，因此将其归为基础性、支柱性产业。政府会从老百姓住房基本需求这个民生大事来考虑，切实贯彻房子是“用来住的不是用来炒的”方针，使房地产市场健康发展。房地产中的实体经济部分还是重要支柱产业，是满足群众住房需求的主要载体，我们应该处理好部分房地产指标分化的现象，确保房地产能够满足人民的需要，同时它也有经济功能。房地产影响和带动的产业包括上游产业：建材业、建筑设备工业、冶金、化工、森工、机械、仪表等；下游产业：装饰装修业、电气家具业、旅游、园林业、运输业、商业；还有监理等其他中介服务。未来要加快建立稳定房地产市场的长效机制。随着新一轮房地产新政的实行，房地产调控成效进一步显现出来，要稳定房地产市场，就必须坚持政策的连续性和稳定性。

（二）泛金融：防范空转

金融是现代经济的血液，血脉通畅增长才有利。中国作为世界第二大经济体，却不是金融大国，更不是金融强国，世界范围和区域性的金融危机，总是会殃及中国自身，所以亟须化解金融风险和隐患。金融风险既包括金融机构系统安全风险、资产信用风险、金融工具风险，同时也包括支持金融机构运转的软件平台风险和技术操作风险等各种新型风险。预见和防范金融风险，是中国成为金融大国和金融强国的必要条件。

2016年6月，麦肯锡全球研究院发表了题为《中国的选择：抓住5万亿美元的生产力机遇》的报告，报告指出：“中国超过80%的经济收益来自金融行业——这种经济结构显然是畸形的。”通过研究发现，在2008年全球金融危机爆发前的四年中，即2004—2007年中国金融服务业的经济利润（收益）占比还较低。危机爆发后的四年，即2008—2011年中国金融服务业的经济利润占比大幅攀升，同期，美国金融服务业的经济利润占比进入负区间。而在2012—2014年，中国金融服务业的经济利润占比进一步攀升，美国金融服务业的经济利润回到正区间，但占比较危机前大幅缩小。当前中国经济80%左右的经济利润仍来自金融行业，美国的这一比例在20%左右。据国家统计局发言人盛来运2016年7月表示，金融业对GDP增长的贡献是在下降的，上半年金融业不变价增长速度是6.7%，金融业对GDP贡献率在9%左右。

当前我国面临的重大风险，包括由金融杠杆率和流动性风险、银行不良贷款风险、影子银行风险、地方政府隐性债务风险、房地产泡沫化风险和互联网金融风险等构成的综合性风险。各方尤其是金融系统应当充分认识到这一点，一定要雷厉风行、披坚执锐、马上行动，在各条战线上打响防范化解重大风险攻坚战，取得一场又一场“治乱象”“严监管”“防风险”的胜利。当前我国面临的金融风险不是近期才出现的，而是长期存在的，金融风险始终伴随着改革开放的全过程，伴随着市场经济发育、形成和完善的全过程。因此，防范金融风险要警钟长鸣，要列入监管部门和各类金融机构的日常议事日程。今后几年是防范化解金融风险的重点时段，通过1~3年的阶段性任务分解或治理乱象计划，最终实现防范化解重大风险的目标。金融决策与监管部门、各类金融机构为落实中央战略部署、重点防范化解金融风险，应当尽快制定出全面系统的、科学可行的行动方案。

新型金融风险具备以下四个方面的特征。一是网络的无限延展性使科技金融的范围在不断扩大并且深入社会的各个领域，这种参与主体的多元性使其风险表现出极强的隐秘性。此外，经营主体与客户之间的信息不对称也极大地助长了这种风险潜伏的时间。二是在科技金融的运作框架中，各种金融机构（包括商业银行、投资银行、保险公司等）提供的金融服务不断渗透趋同，机构之间的界限将被逐步打破，从而实现真正意义上的混业经营。另外，非金融机构通过网络科技也能提供高效便捷的金融服务，银行业态势必将向理财型、咨询式的机构转变，金融机构和非金融机构之间的界限也将被逐渐消除。三是网络技术的高速发展使科技金融风险突破了地域限制，一旦风险暴露，在短时间内就有可能迅速演变为大规模的系统性风险，系统性风险层级瞬时演化并波及多个领域，为事后处理带来重重困难。四是科技金融的极度渗透性和瞬时爆发性使风险的演化表现出蔓延传染的特征。多部门、多领域参与以及跨行业、跨领域金融产品相互交错，形成一个庞大的共生体系，现代科技金融风险的监管就面临着这样的跨主体、跨领域联合监管问题。

（三）金融科技：开创普惠

金融科技经过近年来的发展，正在快速地改变我们传统的金融服务模式，新技术使创新与传统的充分竞争与合作成为可能。金融科技的落脚点在科技，属于科技创新的范畴，即利用包括人工智能、征信、区块链、云计算、大数据、移动互联等前沿科技手段，服务于金融效率提升和风险防控的产业，对金融风险的防范提出了更高的要求。

金融科技行业正从“互联网+”模式阶段跨入技术深度创新阶段。自移动互联网兴起以来，移动端的广泛普及、交互和数据特性，深刻地改变了传统金融的运营模式。而以科技深度变革引发的金融科技创新，逐步成为宏大的暗流，成为未来驱动金融服务业变革的重要力量。今天，移动互联网将手机变成了支付终端、理财产品购买柜台、投资平台、创业与消费贷款申请柜台、企业集资入口，甚至直接变成了银行和保险公司大门。原有的银联支付线路在更多场景下被互联网通道取代；在基金信托公司直销和银行柜面推荐的理财产品，在互联网门户有了更直观、优惠和个性化的选择。

在当今信息技术革命和互联网化浪潮的推动下，互联网金融和金融科技的迅速发展，在快速、方便、廉价地满足一部分小微企业、小白领客户、“双创”客户的融资需求的同时，也滋生了网络贷款、现金贷、比特币、代币发行（ICO）等细分行业的金融乱象或欺诈行为，给广大网络金融消费者带来了严重损失。自《网络借贷信息中介机构业务活动管理暂行办法》出台后，网贷平台资产端竞争加剧、合规调整成本增大，促使部分平台主动下调综合收益率。对此，国家开展了互联网金融领域的专项整治行动。这表明，金融风险会借助技术进步、互联网渠道等发生演变。下一步，要确保守住不发生系统性金融风险的底线。要深入扎实整治金融乱象，加强金融监管协调，提高金融服务实体经济的效率和水平。

金融科技企业的快速发展，为实现普惠金融和提供创新服务带来了全新的解决办法。以蚂蚁金服、腾讯财付通、平安壹账通等为代表的一批金融科技企业，也在服务实体经济的同时快速成长为领先的独角兽企业。

展望金融科技的价值，在于解决以下三个问题：金融业务创新、交易安全高效和技术融合。简要回顾金融科技（信息化）的过往，可以更清晰地看出这种趋势：早期1.0阶段主要是信息技术加金融，实现金融业务电子化和自动化，商业银行的信贷、清算及综合业务系统就是典型代表。2.0阶段重点是电子金融渠道的变革，金融企业利用互联网、呼叫中心、自动设备、移动终端渠道汇聚大量用户和信息，实现信息共享和业务拓展。3.0阶段是技术引领，许多科技企业开始进入金融市场，借助网络、机器、数据、用户信息、交易行为提供创新的金融服务，与传统金融机构展开竞争。4.0阶段是金融机构和科技机构加速融合，金融产品和服务的形式主要以数字化形式提供，大量技术研发和平台建设侧重与金融服务结合，包括人工智能、虚拟现实、大数据、云计算、区块链等新型技术更多地用于金融交易和产品之中，这一趋势应该会持续相当长时间。

金融科技是开创性的，它让银行、保险和证券行业的许多岗位、产品和业务凭证都成了历史，也使服务足以覆盖到传统金融机构边际成本以下的需求，“低端”和“长尾”可能成为新的主流市场，最大限度地丰富供给，提供普惠服务——随时、随地、随心意（Any time，any place，any way）的3A服务，借助金融科技即将得以真正实现。

三、让金融更好地服务实体经济

（一）去杠杆，促进直接融资

金融本质上是新实体经济的伙伴，而非对手，更非敌人。发展新实体经济，必须有强大的金融和资本市场支持，这是被全球大量经济实践证明的。我国现有金融体系随着总量的迅速膨胀，内生性问题日益突出，两难命题凸显：实体经济需要大量的资金支持，但多层级资本市场仍是配角，过度依赖银行信贷的现实难以改变；同时银行信贷海量投放，进一步创造货币供给，埋下长期恶性通胀隐患，积累金融危机风险。在中央加强金融风险管理的政策指引下，金融市场“去杠杆”开始加速，一些问题开始暴露出来：不同金融部门的市场风险有交叉放大的可能，而且市场各种波动率明显加大，短期风险反而上升，对实体经济事实上产生影响；金融机构去杠杆虽然作用于重建秩序、减少套利，但最终传导至风险缓释较弱的中小企业，实体经济融资难与贵的问题重现。

金融服务实体经济是其天职。当下“金融空转”与资金“脱实向虚”的现象较为严重，主要表现有以下三类。一是社会融资规模的变化复杂。社会融资规模是全面反映金融与经济关系，以及金融对实体经济资金支持的总量指标。据央行数据显示，2017 年上半年社会融资规模增量累计为 11.17 万亿元，存量同比增长 12.8%；金融机构对实体经济发放的本外币贷款同比增长较为显著，比 2016 年同期增长 1.15 万亿元，表明金融对实体经济的支持力度日益稳固。二是更多资金并未流向实体经济。据研究显示，2016 年全部社会信用总量中，政府部门占比约 20%，较 2009 年上升 5 个百分点；居民部门占比从 2009 年的 15%上升到 2016 年的 19%，非金融企业占比则从 2009 年的 71%下降到 2016 年的 61%。此分布变化清晰表明，虽然企业仍然是“钱”流向的大头，但危机后“钱”更多地流到了政府部门和居民部门。三是实体企业尤其是中小微企业融资难问题始终存在。监管部门积极支持商业银行包括城乡中小银行为小微和涉农企业服务，推出了“三个不低于”和整治银行收费等政策措施，但效果并不明显。很多小微企业贷款难、贷款贵、贷款慢，急需资金时只好到民间借贷，有统计显示，2016年中小微企业发生民间借贷平均年化利率高达18%。

只有加快金融市场化改革、调控和管理金融风险，才能保障新实体经济得到长期稳健的发展。为此，要重视以下问题。

第一，要大力改善金融市场环境，开放竞争。推动金融市场化、国际化的方向不动摇，积极推动国企改革，允许民企等不同形式的主体进入金融市场，在更多领域施展才能，通过市场化竞争出现强者，是所有措施中应优先考虑的步骤。

第二，改善金融市场的生态，强化风险管理。这意味着市场的风险定价功能必须逐步建立，相关的债权人法律保护有必要逐步完善，权益发行人层面的资本结构须得到清晰的界定。另外，应允许对冲各类风险的金融工具的创立和使用。

第三，要促进直接融资，支持上市公司和优秀企业做大做强。资本市场作为直接融资的重要载体，参与者众多、影响面广。要让资本市场更好、更稳定地服务实体经济，首要任务就是夯实基础，支持和促进上市公司的发展。提高上市公司质量，优化信息披露，完善公司治理，推进并购重组市场化改革，降低优秀企业上市门槛，强化市场的优胜劣汰功能。让市场成为决定性力量，促进市场长期投资、价值投资理念的形成。要重视科技创新，但不要迷失于技术概念炒作。

（二）促“双创”，倡导责任投资

投资是经济发展的直接动力，与发展新实体经济直接相关的有三个投资问题。一是如何调动更多社会投资特别是民营部门投资。二是如何解决投资的退出，加强产权保护，完善法制。完善产权保护制度，不仅有利于激发社会创新活力和稳定投资预期，还有利于提高资源配置和利用效率。三是如何激励创新企业和创业者，因为促进“双创”必须给予创业者高度激励。国家先后出台《关于进一步激发社会领域投资活力的意见》等，面对社会领域需求迫使生产企业扩大有效供给的新形势，深化社会领域供给侧结构性改革，进一步激发医疗、养老、教育、文化、体育等社会领域投资活力，着力增加产品和服务供给，不断优化质量水平，对于提升人民群众获得感、挖掘社会领域投资潜力、保持投资稳定增长、培育经济发展新动能、促进经济转型升级和实现经济社会协调发展具有重要意义。提出坚持营利和非营利分类管理，深化事业单位改革，在政府切实履行好基本公共服务职责的同时，把非基本公共服务更多地交给市场；坚持“放管服”改革方向，注重调动社会力量，降低制度性交易成本，吸引各类投资进入社会领域，更好地满足经济多层次多样化的需求。

要持续优化我国的创新、创造、创业、创投环境。众所周知，没有创业投资就没有高新产业，没有风险投资就没有硅谷。给予我国的创业投资机构和创业投资的出资人更好的环境，包括放松创业投资的限制，放宽投资人的门槛，让更多的人能参与到创业投资的领域，尽量减少政府和公共资本进入创业投资领域。这个领域看起来是收益最高同时也是风险最大的领域，应该让买者自负，让投资者风险自担。创新和创造要依靠创业者，创投是创业者最好的伙伴。

在新时代背景下，责任投资的意义必须不断被提升和超越。新实体经济是我们的未来，培育其壮大发展，不仅要改造提升传统部门，更要围绕分享经济、认知科技等打造发展“新引擎”，借助资本力量，培育出一批为社会创造财富、为国家创造税收、为人民提供就业机会，提供普惠服务、持续推动技术创新，为传统行业提供新出路的创新企业来。希望在各方的努力下，让责任投资更好地服务于这样的新实体经济。责任投资（ESG），顾名思义，主要指资产管理机构践行以环境（E）、社会（S）和治理（G）为理念和评估标准，从传统的金融财务投资，进化到包括非财务指标在内的综合性社会责任投资。目前，国际上尚未形成权威的关于责任投资的定义，学界主要从社会资本、负责任投资等角度展开研究。2005 年，联合国正式将责任投资纳入投资管理和委托责任的范畴。全球可持续投资联盟会员所投资和管理的机构资产规模达到了 60 万亿元，实际用责任投资原则进行投资的项目和资产更多，这一理念已普遍为全球领先的金融和资产管理机构所认可。

金融“脱实向虚”在投资市场上的重要表现，就是资本过于追求短期利润，而忽略了长期可持续发展，过于注重财务指标而忽略了企业或投资者应该承担的环境与社会责任。责任投资是社会发展的必然结果，有利于实现长期投资价值。资产管理行业应积极主动地践行责任投资投资原则，引导、倡导和推动企业与经济社会共同实现可持续发展。发展责任投资，有助于贯彻落实“创新、共享”的新发展理念，更好地处理经济与环境的矛盾；有助于深入推进供给侧结构性改革，缓解当前经济发展中的突出问题；也有助于金融和资本市场的改革，提高金融服务实体经济的效率。

【新实体企业：蚂蚁金融服务集团】

表 11.1　蚂蚁金融服务集团简介

公司	蚂蚁金融服务集团	英文	Antfin
定位	为小微企业和消费者提供普惠金融服务	创立时间	2004 年
创办人	彭蕾等	网址	https://www.antfin.com/

蚂蚁金融服务集团（简称蚂蚁金服）是一家旨在为世界带来普惠金融服务的科技企业，起步于2004 年成立的支付宝（见表 11.1）。

2014 年 10 月，蚂蚁金服正式成立。目前，蚂蚁金服几乎已经涵盖所有的互联网金融业务，业务板块包括支付宝、余额宝、招财宝、蚂蚁聚宝、网商银行、蚂蚁花呗、芝麻信用、蚂蚁金融云和蚂蚁达客等。

蚂蚁金服作为中国第一梯队的独角兽企业，现估值近 5000 亿元人民币，另根据市场消息，蚂蚁金服已启动 Pre-IPO 轮融资，融资完成后，市值将超过 1000 亿美元。蚂蚁金服历次融资见表 11.2。

表 11.2　蚂蚁金服历次融资

时间	轮次	金额	投资方
2015-3-17	A 轮	亿元及以上	国开国际投资
2015-7-3	战略投资	120 亿元	国开金融（国开开元） 中国人寿 春华资本 Primavera

续表

时间	轮次	金额	投资方
2015-9-5	战略投资	亿元及以上	中邮资本（中国邮政）
2016-4-19	B 轮	45 亿美元	中投公司 中国人寿 中邮资本（中国邮政） 国开金融（国开开元） 春华资本 Primavera 国开国际投资 建信信托
2018-2-1	战略投资	亿元及以上	阿里巴巴
2018-3-7	F 轮—上市前	未透露（美元）	投资方未透露

第十二章

政府部门：优化环境

一个国家的竞争力取决于四个要素：基础设施、教育、政府和好的环境。

——托马斯·弗里德曼（美国经济学家）

一、将“放管服”改革推向纵深

“放管服”是简政放权、放管结合、优化服务的简称，是供给侧结构性改革的重要内容。党的十八大以来，我国深入推进“放管服”改革，加快政府职能转变，极大地激发了市场活力和社会创造力，促进了经济社会发展，取得了多方面的改革成效。按照党中央、国务院的部署，我国“放管服”改革五年来，不断向纵深推进，推出了一系列改革创新举措，取得了突破性进展。

大量减少了行政审批事项。国务院分9批取消下放国务院部门审批事项618项，占原有1700多项的40%，提前兑现本届政府的承诺目标；取消“非行政许可审批”这一审批类别，今后各部门不能再通过部门规章或文件设定，使之成为历史；取消中央指定地方实施的行政审批269项；中央层面核准的投资项目数量累计减少90%，外商投资项目95%以上已由核准改为备案管理；在地方，多数省份减少审批事项50%左右，有的超过70%；一大批被取消下放的审批事项“含金量”高，受益面广。

改革商事制度进展显著。工商登记由“先证后照”改为“先照后证”，前置审批事项压减87%以上，注册资本由“实缴制”改为“认缴制”，推行“多证合一、一照一码”改革，启动企业简易注销登记改革，从而使企业设立便利度明显提高，时间也大幅缩短。

全面推行清单管理。省、市、县三级政府部门权责清单已全部公布；国务院部门公布了行政审批事项汇总清单，权责清单制定已在7个部门试点总结经验后推开；中央和省级政府公布了涉企行政事业性收费、政府性基金目录等清单；公布《自由贸易试验区外商投资准入特别管理措施（负面清单）（2017年版）》，覆盖现有的11个自贸试验区，负面清单事项大为减少，缩减至百项以内。

加强事中事后监管。推行“双随机一公开”抽查监管，2017年年底实现全覆盖；实行信用监管，建立了国家企业信用信息公示系统和守信联合激励、失信联合惩戒机制；出台公平竞争审查制度；推行智能监管，利用大数据、云计算等现代信息技术加强监管；探索对新经济形态实行包容审慎监管；改革行政执法体制，市县两级全面推行市场监管综合执法。

大力简化审批程序，创新服务方式，“一窗受理、一站服务”得到普遍实行，审批时间大大缩短；减少了烦扰公众的各种证明和繁文缛节，办证多、办证难现象大为减少；推行行政审批规范化，出台《行政许可标准化指引（2016年版）》；“互联网+政务服务”全面推开，实体服务大厅与网上办事大厅融合加快，“一网通办”正在形成，有的审批办证事项做到“最多跑一次”或“一趟不用跑”。

“放管服”改革的积极推进，破解了多年来存在的难题，清除了改革发展中的障碍。李克强总理2017年在全国深化“放管服”改革电视电话会议上强调，2017年重点要做到五个“为”：为促进就业创业降门槛，为各类市场主体减负担，为激发有效投资拓空间，为公平营商创条件，为群众办事生活增便利。

“放管服”改革触及权力、利益、体制和理念等深层次矛盾，而且此前我国已进行过多轮行政审批制度改革，剩下的多是难啃的“硬骨头”，越往后越难，改革进入攻坚期和深水区。通过简政放权，将该放的权力放给市场和企业，以政府权力“瘦身”打开了激发市场活力之门；通过放管结合，创新监管方式，强化监管手段，减少了“重审批轻监管”现象，事中事后监管得到加强；通过优化服务，政府服务能力和水平有了明显提升，方便了企业和公众办事创业。实践表明，“放管服”改革推动了政府履职理念、方式和体制的变革，从不同方面厘清了政府与市场的边界，扭转了诸多政府职能越位、缺位和错位现象，激励我们要以壮士断腕的勇气深化改革，攻坚克难，不断取得新突破。

二、优化营商环境，完善清单管理

营商环境被认为是地方发展最重要的软实力之一。营商环境虽然看不见、摸不着，但与企业的关系十分密切。一个地方营商环境的好坏，往往关系到当地能否顺利招来投资项目，关系到企业家是否愿意一心一意地在当地谋发展，关系到市场主体活力能否得到充分释放，最终也会成为影响一个地方经济发展活力和发展质量的重要因素。

优化营商环境就是解放生产力、提高竞争力，要破障碍、去烦苛、筑坦途，为市场主体添活力，为人民群众增便利。近年来，各地越来越重视营商环境的打造，许多地方都在着力打造廉洁高效的政务环境、诚信规范的市场环境、互利共赢的开放环境、完备优质的要素环境、功能完善的设施环境、温馨包容的社会环境、公平公正的法治环境。近年来的“放管服”改革，减少了政府审批发证，放宽了市场准入，扩大了市场主体自主权，强化了市场监管，方便了就业创业，推动了从“严进宽管”到“宽进严管”的转变，降低了制度性交易成本，从而使营商环境得到明显改善。据世界银行发布的全球营商环境报告显示，中国营商便利度近 3 年来在全球 189 个经济体中的排位平均每年提升 6 位，共提高了 18 位，这也在一定程度上反映了“放管服”改革的成效。

发展实体经济、推进供给侧结构性改革，必须要进一步激发市场主体活力。实体经济是市场主体创造的，有效供给的创造也要依赖于市场主体的活力。如果要激发市场主体活力创造有效供给，就必须破除要素市场化配置障碍，降低制度性交易成本，不断优化营商环境。过去五年，我国实行包容审慎监管、持续深化“放管服”改革、大幅降低企业非税负担等措施，有效激发了微观市场主体的创新创业活力。我国经济增长实现由主要依靠投资、出口拉动转向依靠消费、投资、出口协同拉动，由主要依靠第二产业带动转向依靠三次产业共同带动。实践证明，优化营商环境是创造实体经济有效供给的主要途径。

通过改革来优化政府服务，使服务更加便利高效。这是促进创业创新、满足群众需求的必然要求。政府应积极回应社会关切，加快清理烦扰群众的证明材料和办事手续，该取消的取消，该合并的合并，该互认的互认，该并联的并联，方便群众办事。要推行政府服务标准化，按照便民高效的要求，集约合成，研究制定一套审批和服务的标准规范，尤其是在简化办事流程、压缩办结时限方面取得新进展。在互联网普及和广泛应用的背景下，要加快政府信息服务平台建设，推动跨部门、跨地区、跨行业信息互通共享，将尽可能多的事项拿到网上办理，大幅提升政府网上办事服务能力。

政府应完善清单管理，打造权责清单“升级版”。目前，推行权责清单管理制度已取得积极进展。同时，由于理解不同，标准不一、规范不够，权责清单制定也存在一些新情况新问题，表现在清单权力数量差距较大，清单内容安排不一，实用性不强，许多企业和公众反映看不懂，更不知道怎么用，政府人员有时也感到难以把握。完善清单管理，应在增强规范性和可操作性上下功夫，打造权责清单“升级版”。一是以清单巩固改革成果。无论是清单编制，还是清单实施，都要体现“放管服”的要求，依法减权限权，明确履职责任，科学划分政府与市场、社会的权责边界，使政府部门依照清单履职尽责。二是规范清单制定。通过出台清单制定标准和确立标杆，在权责名称、编码、类型、依据、行使主体和监督追责等方面加强指引，使清单更加科学规范，便于操作。三是健全设立实施监督，通过建立一套包括清单运行的监督检查机制、易操作可监督的网上运行系统和内外结合、闭环管理的问责机制等，确保清单能够发挥实际作用。

三、坚定不移地推进改革开放

振兴实体经济不能只是纸上谈兵，政府部门必须深化改革，有所作为。但“振兴”不是传统模式的放大和扩张，不计后果地追求GDP，追求就业人数和税收的增加，而是要变，改革供给侧。只有能够转型、升级的传统实体经济才存在振兴的意义，老旧而无进步潜力的实体经济并不值得去振兴。

要坚持稳中求进的工作总基调，更好地把握稳和进的关系，把握好平衡，把握好时机，把握好度。学会更多运用市场机制处置“僵尸企业”去产能，灵活运用金融手段解决“僵尸企业”退出带来的债务处置等难题。作为经济发展主线的供给侧结构性改革，该如何破难题再发力？要坚定不移深化供给侧结构性改革，深入推进“三去一降一补”，紧紧抓住处置“僵尸企业”这个牛鼻子，更多运用市场机制实现优胜劣汰。

（一）稳定外资和民间投资，积极促进就业

近年来，我国民间投资增速虽然有所上升，但增长仍然较为缓慢；同时，实际使用外资金额连续出现负增长。如何刹住有效投资增速放缓之势？要稳定外资和民间投资，稳定信心，加强产权保护，扩大外资市场准入，增强营商环境对投资者的吸引力。

就业是经济稳定的前提。我国城镇新增就业人数较多，如何趁势发力应对好高校毕业生就业、去产能职工分流安置等难点任务？要高度重视民生工作，积极促进就业，切实帮助困难群众解决生产生活中遇到的困难和问题。

（二）推行“一带一路”，以产能换资源

中国提出的“一带一路”倡议，已经得到100多个国家的参与和响应。金砖国家峰会等国际的经济合作，为中国突破新贸易保护

主义开辟了新的国际视野，为我们以产能换取资源打开了空间。资源短缺会加大经济发展的成本。先行国家在高速推进工业化、城镇化时人口不多，通过殖民掠夺来满足资源能源需求。而中国拥有近14亿人口，正处于高速工业化城镇化过程中，需要消耗大量资源能源，必须通过国际市场去购买，资源短缺带来的国际资源能源市场的波动，会对中国产生很大的影响。

近年来，环境污染治理的压力也越来越大。2008年，中国的二氧化碳排放量已居全球第一，到2020年前后全球30%左右的碳排放量都可能由中国贡献，届时将面临前所未有的国际压力。中国推进低碳发展，需要面临以下几个特殊挑战：正处于工业化城镇化快速推进阶段，属高碳排放阶段；资源禀赋结构是“多煤、缺油、少气”的高碳结构；在国际分工体系中处于高碳的加工制造环节；粗放发展模式具有一定的“锁定效应”。要下决心调整产业结构治理，下决心淘汰过剩产能、落后产能。不仅要淘汰高污染、低附加值、产能过剩的企业，还要关闭一些污染严重、长期亏损、转型无望的企业。

（三）鼓励“双创”，增强实体活力

打造具有国际竞争力的制造业，是我国提升综合国力、保障国家安全、建设世界强国的必由之路。当前，新一轮科技革命和产业变革与我国加快转变经济发展方式形成历史性交汇，国际产业分工格局正在重塑。2015年3月，国务院总理李克强在国务院常务会议上提出要加快推进实施新一代中国制造，实现制造业升级，智能制造将成为产业升级的关键抓手。工信部国际经济技术合作中心主任龚晓峰认为智能制造是新工业革命的核心。“科技革命引发工业革命，导致企业与国家的兴衰。”我们要全面实施战略新兴产业规划，

发展新材料、人工智能、生物制药、5G通信，这些科技新兴领域同样是创业者和创造者密切会集的领域。

要给创业者以最高的激励，才会有更多人投身到这些冒险性或者创新性的工作里。只有全社会去鼓励年青一代不断发挥他们的创造力和想象力，全力培育和保护一批有创新能力的企业家，才是推动中国迈向世界强国的不二之路。金融和资本市场需要给予科技创新企业更多的支持，包括提供风险投资、信用融资和较高估值的退出机制。过去对于互联网、生命科学、新能源如此，未来对认知科技更要给予积极支持。

美国的创新企业带给我们什么启发？资本追逐创新的团队，硅谷之所以能成功，是因为有华尔街。中国如果不能建立这样的科技金融机制，就很难推动科研体制改革。只有市场给新产品以极高的溢价，专家才会注重技术研发的产业化；只有技术产业化后有高额的股权回报，研究人员才不会只停留在做交流、拿奖金和评职称上；只有资本市场真正向创新型公司打开大门，各类投资机构才会关注科技领域的项目，各类融资机构才会给予科技人员更多的支持，创业者才能有颠覆未来的环境；也只有投资者给予新兴技术类企业高估值，上市公司才会加大科研投入，而不是简单地复制落后产能，才会带动产业创新，落后产能的出清也才能被真正提上日程。

（四）完善法制，坚定民营企业信心

完善法制是促进新实体经济发展的基础。今天令人深思的问题是：为什么民营部门不在实体领域投资，除了没有好的方向、回报率低还有没有其他原因？怎样解决投资者的保护和退出问题？怎样鼓励创新者和创业者，让他们得到最大的激励，让更多人投身于创

新事业？为此，建立有效的新产权环境迫在眉睫。当今信息传播成本几乎为零，创新技术极易被他人“复制”，创新产品极易被他人“山寨”。如果缺乏有效的产权保护制度，创新的积极性将严重受挫。只有对侵犯产权的行为加大查处力度、提高惩罚标准，才能激发创新热情、保护创新成果、增强创新动力。

2016年11月，中央出台了《关于完善产权保护制度依法保护产权的意见》；2017年3月，国务院发布了《关于进一步激发社会领域投资活力的意见》。这一系列文件、政策的出台，反映了政府对建立新产权环境的重视，也为新实体经济的发展注入了一剂“强心针”。面对社会领域需求倒逼扩大有效供给的新形势，深化社会领域供给侧结构性改革，进一步激发医疗、养老、教育、文化、体育等社会领域的投资活力，着力增加产品和服务供给，不断优化质量水平，对于提升人民群众获得感、挖掘社会领域投资潜力、保持投资稳定增长、培育经济发展新动能、促进经济转型升级、实现经济社会协调发展具有重要意义。

党的十八大以来，全国法院纠正重大冤假错案20起。纠正各类冤假错案3800多起，国家赔偿总额超过72亿元。全国政法系统查处违纪违法省部级干部9人、厅局级130多人。新实体经济需要法律制度保障和法制环境的保障。《物权法》《民法总则》等法律的出台、法制队伍的建设、法律环境的改善，对新实体经济无疑会产生保障和助推作用。

习近平总书记2016年3月的重要讲话，是促进非公有制经济健康发展和非公有制经济人士健康成长的行动指南和重要遵循，广大民营企业家要通过学习稳神定心，做到要自信不犹疑、要创新不保守、要坚持不浮躁。我国正处在全面建成小康社会的决胜阶段和推进供给侧结构性改革的攻坚时期，构建健康新型政商关系对于进一步净化政治生态和经济生态，规范市场秩序，坚定发展信心，应对经济下行压力的挑战，协调推进“四个全面”战略布局，具有十分重要的意义。

构建新型政商关系对于进一步营造民营经济发展的健康良好环境，坚定民营企业的发展信心，更好地应对经济下行压力挑战，具有十分重要的现实意义。建立“政府、行业协会、企业”三方联席会议制度。通过协商、协调、通报甚至调解等一系列的工作，建立企业与政府良性沟通的渠道。特别是当政府需要出台涉及行业发展的产业性政策和修改政策甚至法律时，可通过三方联席会议开展广泛的协商，征询行业协会和企业的意见，确保政府出台的政策得以顺利执行。建立各级党政领导干部与企业家的沟通联系机制。切实帮助民营企业解决生产经营中遇到的困难问题，帮助政商之间实现“前门”交往和“台面上”联络。落实领导挂点联系企业制度，完善政策沟通支持机制，鼓励职能部门及领导干部对企业多关注、多关心、多引导，帮助企业解决实际困难。

痛则思变，改革中的问题必须通过改革解决。若要治理中国实体经济的“痛”，实现实体经济的“变”，政府部门应在发展新实体经济过程中发挥更重要的作用。

第十三章
培育真正的“独角兽”

运用第一性原理思考问题，在基本事实的基础上探究问题的本源，不被过去的经验知识所干扰。

——埃隆·马斯克（特斯拉及 SpaceX 创办人）

一、新经济指数与新领军企业

新实体经济发展需要一批龙头企业。随着商业活力不断加强，涌现了一批新的领军企业，使人们对新实体经济的发展前景更有信心。

2016 年 3 月，财新智库等首次推出了测量中国新经济发展的新经济指数（NEI），估算新经济在整个中国经济中的权重，即当中国经济每发生一元钱的产出时，有多少来自新经济。因为新经济是更符合中国未来资源禀赋结构的经济业态，在定义该指标时，主要从以下三个范畴来进行界定，即高人力资本投入、高科技投入，轻资产；可持续的较快增长；符合产业发展方向。NEI 指标评价体系参考美国信息技术和创新基金会（ITIF）发布的《2014 美国各州新经济指数》报告指标体系、硅谷指数（Silicon Valley Index）等国际知名新经济和创新指数体系，结合中国经济发展特点制定了新经济指数的指标体系，如表 13.1 所示。

表 13.1　中国新经济指数指标体系

一级指标	二级指标	指标说明
高端劳动力投入（40%）	新经济行业人员薪酬	期内新经济行业企业招聘职位薪酬占所有企业招聘职位薪酬比重
	新经济行业占比	期内新经济行业企业岗位招聘需求数量与当地各行业招聘需求总和的比例
	铁路人口流入速度	期内各城市通过铁路的流入人口占该城市存量人口的比例
	航班人口流入速度	期内各城市通过飞机的流入人口占该城市存量人口的比例
资本投入（35%）	新经济行业风险投资比例	已公开新经济行业企业获风险投资总额占所有企业获风险投资总额的比例
	新经济领域招标比例	主要招标网站新经济行业项目招标个数占所有行业项目招标个数比例
	申请新三板新经济企业注册资本比例	期内申请新经济企业注册资本总额占所有企业注册资本比例
	新经济行业新增公司注册资本比例	期内新经济行业新增公司注册资本总额占所有新增公司注册资本总额比例
科技创新（25%）	科学家与工程师	期内科研人员招聘比例
	专利数	期内新经济行业新增发明与实用新型专利比例
	专利转化率	期内新经济行业发明专利流转频次比例

这一指数变化反映了新经济相对于传统经济的活跃程度，是判断中国经济转型过程中新、旧经济彼此消长的重要指标。自发布以来，新经济指数的走势如图 13.1 所示，因为中国目前正处于新、旧实体经济发展的过渡期，所以新经济的发展波动较大，但从整体来看，新经济指数一直在 27%以上，未来随着新经济发展条件的不断成熟以及相关政策的逐步实施，可以预见该指数会越来越大。

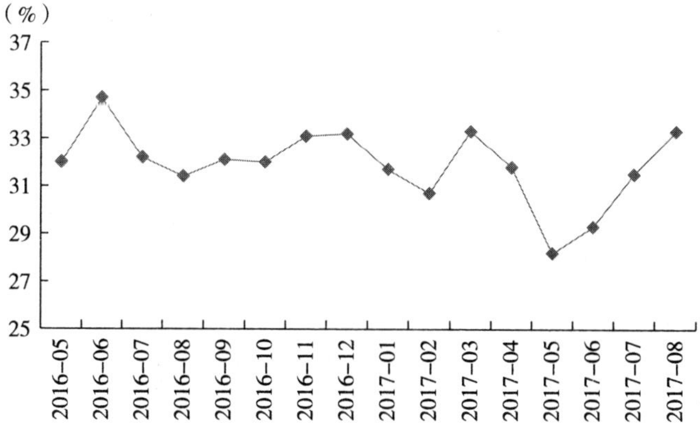

图 13.1　中国新经济指数走势

新经济的发展在很大程度上体现为各行业创新企业，尤其是领军企业的不断涌现和业绩增长，这也从侧面体现了中国新动能的发展。中国政府统计部门紧紧围绕国家实施创新驱动发展、促进经济转型升级的重大战略措施，一批解决社会和民生需求、技术领先、模式创新的新经济代表企业快速诞生、增长和发展壮大，逐步产生全球影响。在第九届金砖国家统计局局长会议上，国家统计局首次对外发布新动能新产业发展报告，经测算，2015 年我国经济新动能发展指数为 129.0，比 2014 年增长 29.0%。这表明我国经济活力得到进一步释放，新经济和新实体企业正成为经济社会创新发展的重要驱动力量。

二、"独角兽"应防"昙花一现"

（一）创业的神话

独角兽是一种稀有、高贵的神话生物。美国著名的牛仔风险投资公司（CowboyVenture）的投资人艾琳·李（Aileen Lee）在2013年将私募和公开市场的估值超过10亿美元的创业公司做出分类，并将这些公司称为“独角兽”。随后这个词迅速流行于硅谷，并且出现在《财富》（*Fortune*）杂志的封面上。

所谓独角兽公司是指领先的创业企业，特别是估值达到10亿美元以上的初创企业。2003—2013年，只有39家公司从6万多的竞争者中脱颖而出，实现了估值达到10亿美元以上。随着国家政策与技术创新的推动、平台孵化的助力和市场需求的拉动，中国独角兽企业逐渐有能力在国际舞台上与美国一争高低，并且远远抛离排名第三位的印度。2017年12月，胡润研究院发布《2017胡润大中华区独角兽指数》，筛选了大中华区估值超过10亿美元的创业公司。数据显示大中华区独角兽企业总数达120家，分布在14个行业中，整体估值总计超3万亿元人民币。

（二）“独角兽”的特征

1. 光速成长

2017年，中国独角兽企业在数量、估值以及实力三个方面均呈现大幅增长。德勤（Deloitte）与投中信息联合发布的《中美独角兽研究报告》显示，截至2017年6月底，中国共有98家独角兽企业，比2016年增加了61家；全球占比为38.9%，比2016年提高了17.6个百分点。除此之外，在CB Insights（美国创投研究机构）排行榜上，截至2017年9月，全球新增独角兽企业59家，中国贡献了19家，约占全球1/3、占亚洲一半以上。有关2013—2017年全球新增独角兽公司分布的具体数据见图13.2。

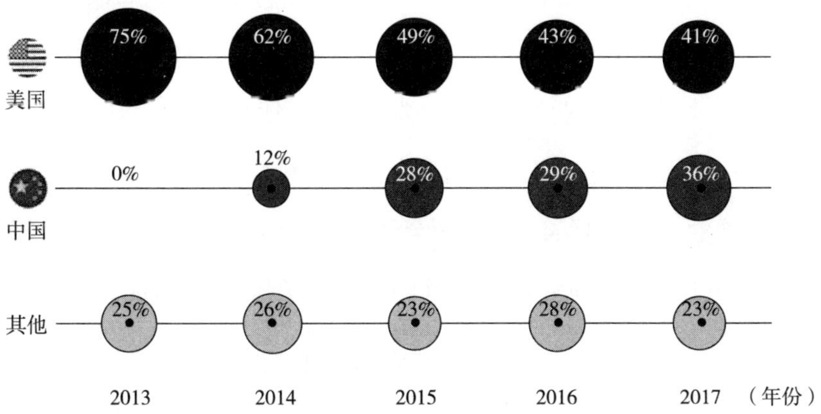

图 13. 2　2013—2017 年全球新增独角兽公司分布

2. 估值突升

根据德勤与投中信息联合发布的《中美独角兽研究报告》，2017 年上半年，中国 98 家独角兽企业估值总额达到 4180 亿美元，平均每家企业估值约为 42. 7 亿美元，比 2016 年增长约 15%。

截至 2017 年 12 月 31 日，根据 IT 桔子的《2017 年度中国互联网“独角兽俱乐部”榜单》，中国 124 家独角兽企业整体估值为 6155. 35 亿美元，平均估值达到 49. 64 亿美元。将这两项数据与《中美独角研究报告》中的数据相比，可以看出整体估值趋势是增长的。

3. 实力领先

2017 年上半年，中国超级独角兽企业达到 8 家，数量上与美国各占全球 50%；总估值达到 2253. 5 亿美元，占中国独角兽企业估值的半壁江山，比重达到 54%，高于 2016 年 49. 3%的比重 4. 7 个百分点；平均每家企业估值 282 亿美元，是中国独角兽企业平均估值的 6. 6 倍。

同时，行业实力明显提高（见表13.2），16个行业的估值总额中，中国占全球比重超过50%有7个，比如，金融业约占74%、硬件行业约占79%、文化娱乐行业约占70%、本地生活占比超过80%。16个行业中，中国的平均每家企业估值超过全球的达到5个，比如，金融业平均每家企业估值77亿美元，远超全球49亿美元的水平；硬件行业平均估值96亿美元，而全球的平均每家企业估值仅为65亿美元。

表13.2 中国与全球独角兽企业实力比较

（单位：亿美元）

行业	估值总额		平均每家企业估值	
	中国	全球	中国	全球
金融	1230	1670	77	49
汽车交通	740	4630	82	91
硬件	670	850	96	65
文化娱乐	370	530	28	29
本地生活	340	410	68	59
电子商务	220	670	14	18
企业服务	130	910	16	22
物流	130	130	33	33
房产服务	100	300	25	38
医疗健康	100	420	20	21
教育	40	60	10	10
旅游	40	360	20	6
工具软件	20	290	10	24
服饰	20	30	20	15
游戏	20	120	10	20
广告	10	50	10	12

资料来源：根据德勤与投中信息联合发布的2017年《中美独角兽企业研究报告》整理而成。

（三）防“昙花一现”

当从过度热炒回归常态后，很多独角兽公司都遇到了如何实现可持续发展的问题。企业应当重视可持续盈利模式，避免“昙花一现”的结局。

独角兽公司多处于初创期，缺乏长远的战略规划，只是借助热炒的概念吸引到巨额融资，实际上有些管理团队可能并不具有完全掌控和运作巨额资本的能力，如果缺乏可持续盈利模式将使它们很难实现突围。领英创始人雷德·霍夫曼（Reid Hoffman）曾预言，当前涌现的众多独角兽企业中，将有一半甚至三分之二会被市场淘汰。2015—2016年，美国三家云存储及协同办公领域的独角兽企业的衰败引发关注：多宝箱（Dropbox）陷入停滞期后其估值几乎呈断崖式下跌；号称全球最大的云笔记服务公司印象笔记（Evernote）在其创始人菲尔·里宾（Phil libin）离职后就处于下滑状态，管理层频繁更替；企业级沟通与协同应用公司斯莱克（Slack）用了不到两年时间蹿升到28亿美元估值，但业绩不振。

独角兽创业公司要重视长远发展，要精心研究其为客户提供的产品或服务价值。与传统企业不同，很多独角兽公司都是与互联网产业相关的高新技术类公司。这些公司想要吸引和黏住更多流量，就只能采用营利性较弱甚至为用户提供免费增值服务的方式，而这种盈利模式又必然会使公司的发展极不稳定，容易受到各种信息的影响。当这类独角兽公司无法持续获得资金投入，或者股价大幅下降时，便会因盈利能力的不足遭遇发展瓶颈。在这种情况下，企业常常会将融资获得的资金投放到各个部门来扩大业务，以通过“造势”来提升市场估值，吸引更多资金涌入。

独角兽创业公司要汇聚发展资源，特别是加强与投资人的沟通。很多独角兽公司难以持续发展，很大一部分原因是在出现重大变动时，公司拥有的资金不足以支持其继续发展，从而使市场估值发生剧烈变化。独角兽企业在经过一段时间的“野蛮成长”后，发展速度便会降下来。此时投资者开始理性看待独角兽公司的发展，而独角兽公司也需要及时推出新的成功产品或打造创新性的盈利模式，以重新赢得市场的信心。

三、“独角兽”在中国

（一）集中于北上广深

北京是独角兽企业最多的城市，凭借接近 1.4 万亿元的总估值成为独角兽企业总体规模最大的城市，总估值规模占整个大中华区近半数。上海和杭州分列第二位和第三位。前三大城市的独角兽企业无论是数量还是估值都占到了全国的 80%左右。2017 年中国独角兽企业区域分布数据见表 13.3。

表 13.3　2017 年中国独角兽企业区域分布

城市	独角兽企业数量（家）	独角兽企业数量占比（%）	独角兽企业估值合计（亿元人民币）	独角兽企业估值占比（%）
北京	54	45	13750	47
上海	28	23	4580	16
杭州	13	11	5420	19
深圳	10	8	2840	10
广州	3	3	210	1

1. 北京

2017年，北京独角兽企业为54家，占国内全部独角兽企业数量的45%；总估值达到13750亿元，占全部独角兽企业体值的47%。北京独角兽企业主要分布在互联网服务、互联网金融、汽车交通、硬件、文化娱乐、房产服务和电子商务等领域。

代表企业：滴滴出行、小米、新美大、今日头条。

2. 上海

2017年，上海独角兽企业有28家，占国内全部独角兽企业数量的23%，居第二位；总估值达到4580亿元，占比16%，排在北京之后位列第二。从行业分布来看，上海独角兽企业分布在11个行业。其中，电子商务行业中的企业上榜数量最多，其次是互联网金融和医疗健康行业，最后是物联网服务、房产服务、汽车交通、软件、文化娱乐和物流服务等行业。

代表企业：陆金所、饿了么、联影医疗、蔚来汽车、小红书。

3. 杭州

2017年，杭州独角兽企业数量排名第三，共计13家。杭州的独角兽企业总估值为5420亿元，占比19%，超过上海的28家独角兽企业。杭州独角兽企业主要分布在互联网金融、互联网服务、电子商务和医疗健康等六个行业。其中，互联网金融分布企业最多，高达5家，总估值为4340亿元，占比超过80%。

代表企业：蚂蚁金服、口碑网、微医、网易云音乐、数梦工厂。

（二）侧重新兴消费

从行业维度看，来自互联网服务及电子商务行业的独角兽企业最多，前三大行业的“独角兽”占到上榜独角兽企业总数的50%。同时，互联网金融作为第三大行业，独角兽企业总估值在各行业中异军突起，以超7000亿元人民币占据首位。

中金公司研究认为，中国“独角兽”的重要生存之道是，结合互联网等新兴技术，以更有效率的方式满足与挖掘用户日益升级的消费需求，如文化娱乐、教育、游戏、出行、物流等。来自消费、商业服务相关行业的独角兽企业占中国全部独角兽企业的60%。2016年中国独角兽行业分布具体数据见图13.3。

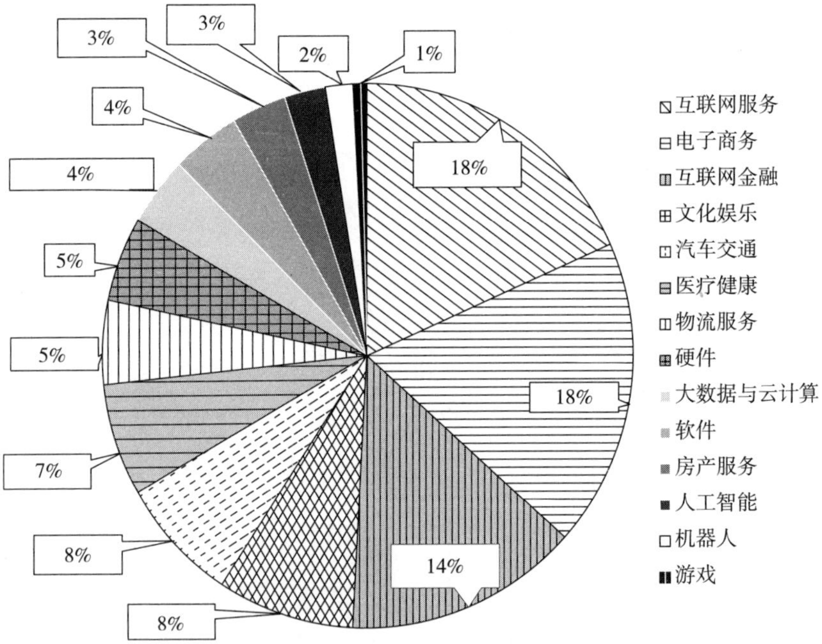

图13.3　2016年中国独角兽行业分布

（三）网络巨头站队

腾讯、阿里巴巴、百度等网络巨头作为投资方，在一级市场上扮演了越来越重要的角色，它们不满足于做战略投资，也将触角延伸到早期投资（种子/天使轮、A 轮）。

在 IT 桔子发布的《2017 年度中国互联网“独角兽俱乐部”榜单》中，有 50.8% 的公司与 BAT（B=百度，A=阿里巴巴，T=腾讯）有直接或间接的股权关系。其中，估值超过百亿美元的公司仅 11 家，但有 10 家公司都和 BAT 有关。由于 BAT 在互联网行业的强势地位，所以若要独角兽企业估值实现 50 亿美元的突破，大概率上都会和 BAT 产生或多或少的关联。

（四）风险投资催生

资本的力量在“独角兽”的发展中具有积极意义。从蚂蚁金服到寒武纪科技，从风险投资到 BAT，独角兽企业与资本的关系不仅仅是资金的支持，还有相当一部分体现在渠道与方向的选择上。

以新美大为例，红杉资本早期同时投资了大众点评和美团网，并且在烧钱阶段追加投资。2015 年，红杉资本等双方主要投资人促成美团与大众点评合并，组成国内 O2O 行业的“鲸鱼”公司。红杉资本完整地参加了美团发展的每一阶段，在美团以及后来新美大的发展中发挥着巨大的作用。美团网创始人王兴曾公开表示，除了资金之外，红杉资本对美团在关键点的判断，甚至在人才的整合上都给予了巨大帮助；在新美大合并的过程中也发挥了巨大的作用。2017 年 10 月，新美大宣布完成 F 轮融资，投后估值 300 亿美元，成为新的巨型“独角兽”。

（五）中国资本市场准备接纳

2018 年以来，“独角兽”持续搅动资本市场一池春水。关于独角兽企业与资本市场改革、与 IPO（首次公开募股）制度改革的消息颇令市场振奋，特别是各界对独角兽企业上市通道“松动”的预期，成为资本市场久违的热点消息。

2018 年两会期间，中国证监会副主席阎庆民表示，中国存托凭证（CDR）将很快推出。CDR 是解决两地法律、两地监管的有效措施，有利于海外已上市、海外退市企业回 A 股上市。全国人大代表、深交所总经理王建军表示，2018 年深交所的重中之重就是如何更好地服务实体经济，特别是新经济，要对独角兽企业在深交所上市开设绿色通道。百度李彦宏、腾讯马化腾、京东刘强东等企业家也纷纷表示，“只要制度允许就会愿意回 A 股”。

这表明中国资本市场在准备接纳独角兽企业。有消息称，证监会发行部对相关券商做出指导，包括生物科技、云计算在内的 4 个行业中如果有独角兽企业客户，就立即向发行部报告，符合相关规定者可以实行即报即审，不用排队，这意味着证监会将对云计算等四大行业独角兽企业的 IPO 开通绿色通道。但资本市场改革涉及法律法规、交易制度、投资者教育、配套监管等众多问题，不能简单按“估值”标准来加速或拒绝某类企业进入资本市场。如是金融研究院院长管清友则对“独角兽回归 A 股”发文，称莫让“独角兽”成为“毒角兽”，按照目前回归 A 股和快速 IPO 的思路，让中国投资者分享独角兽成长红利的善良愿望很可能适得其反，最终“一地鸡毛”。

（六）主要榜单

目前，国际上关于独角兽企业的主要榜单有 CB Insights、《财富》杂志等，国内主要参考的榜单为胡润研究院发布的《2017 胡润大中华区独角兽指数》以及 IT 桔子发布的《2017 年度中国互联网“独角兽俱乐部”榜单》。表 13.4 显示了截至 2018 年全球关于独角兽企业的主要榜单。

表 13.4 截至 2018 年全球关于独角兽企业的主要榜单

机构	榜单	数据截止时间	标准	中国区独角兽数量
CB Insights	全球独角兽俱乐部	2018 年 2 月	初创型企业，在私有市场估值超过 10 亿美元	62
胡润研究院	2017 胡润大中华区独角兽指数	2017 年 11 月 30 日	有外部融资且估值超过 10 亿美元	120
IT 桔子	2017 年度中国互联网“独角兽俱乐部”榜单	2017 年 12 月 31 日	估值超过 10 亿美元	124

【新实体企业：寒武纪智能科技有限公司】

表 13.5 寒武纪智能科技有限公司简介

公司	寒武纪智能科技有限公司	英文	Cambricon
定位	全球智能芯片领域的先行者，宗旨是打造各类智能云服务器、智能终端以及智能机器人的核心处理器芯片	创立时间	2015 年
创办人	陈天石	网址	www. cambricon. com/

寒武纪智能科技有限公司（简称寒武纪科技）是一家拥有中科

院计算所背景的智能芯片研发公司（见表13.5），是全球第一个成功流片并拥有成熟产品的AI芯片公司，拥有终端AI处理器IP和云端高性能AI芯片两条产品线。2016年推出的寒武纪1A处理器（Cambricon-1A）是世界首款商用深度学习专用处理器，面向智能手机、安防监控、可穿戴设备、无人机和智能驾驶等各类终端设备。经过最新一轮融资，寒武纪一跃成为全球AI芯片领域第一个独角兽初创公司。表13.6列出了寒武纪科技的融资记录。

表13.6　寒武纪科技融资记录

时间	轮次	金额	投资方
2016-4-18	天使轮	数千万元	中科院
2016-8-10	Pre-A轮	数千万元	元禾原点创投 科大讯飞 涌铧投资
2017-8-18	A轮	1亿美元	国投高科 阿里巴巴 联想创投集团 国科投资 元禾原点创投 涌铧投资 中科图灵
2018-7	B轮	数亿美元	国风投基金 华软智能基金

第十四章

新实体经济：为高质量发展赋能

中国应通过自主创新掌握核心技术的能力，而不靠买别人的技术，只有这样中国企业才能在国际市场打出自己的品牌，赢得世界的尊重。

——董明珠（格力电器董事长）

一、新实体经济是增长动力源

中国经济发展正在进入一个“高质量增长”阶段。一方面，改革开放以来，中国经济以中低端结构产品高速增长的传统发展模式不再具有可持续性。另一方面，全球化发展到一定阶段后，原有分工与合作因满足不了现实需求而面临着重塑。当传统的实体经济发展遇到阻碍，传统动能的带动作用逐渐削弱时，开发新动能以形成新的引擎来促进经济发展就显得尤为重要。

（一）必须培育新动能

推动实体经济发展，需要引擎和发动机。实体经济发展陷入瓶颈，意味着经济增长的传统动能在相继弱化。中国要跨越中等收入阶段，新动能的培育就显得尤为重要。

新动能与旧动能是相对而言的。所谓旧动能是指传统动能，它不仅涉及高耗能高污染的制造业，还更宽泛地覆盖了利用传统经营模式经营的产业。所谓新动能，则指新一轮科技革命和产业变革中形成的经济社会发展新动力，包括新技术、新产业、新业态与新模式。在新技术的引领下，这种新的产业或者模式成了促进经济社会发展的新动力。以第二产业的能源利用为例，旧动能一般指以煤炭、石油及天然气等矿物资源的粗放式一次性利用，它主要以机械化为主导，是从资源到产品再到废物的单向生产。新动能则指以风能、太阳能、核能等新型能源为主要发展动力，以高度的网络化与智能化为主导，是资源—产品—废物—再生资源—再生产品的深层次循环的生产模式，而且随着现代化的不断发展，其生产过程将包含更多的服务业因素。

对新旧动能的判断，不能片面地依据其是不是新技术、新产业，真正的判断标准应该聚焦于通过生产方式的变革从而极大地提高生产力并促进实体经济的发展上。这也就意味着诸如手机、家电等传统行业通过核心技术的植入、资本和人力资源的增加开拓了新的市场空间、创新了市场格局等依然属于新动能的范畴。同样，一些新兴产业如果效率不高、市场竞争力不强，不仅无法产生新的动能，而且会给经济发展带来较大的隐患和损失。传统产业和新兴产业并不是划分新旧动能的唯一标准，所谓“新”的最核心问题就是要有增量，而且这个增量必须是在现有基础上通过质量提升、效率提升、水平提升来实现的。

实践表明，经济社会发展需要持续不断地寻找新动力、释放新动能、实现新跨越。新旧动能转换是社会生产力发展到一定阶段的必然产物，二者的关系密不可分。首先，新动能的出现衍生于旧动能的发展之中，而旧动能通过产业的转型升级与效率提升可转化为新动能。其次，新旧动能的概念是相对的，因为旧动能通过升级改造可以转化为新动能，而新动能随着时代的发展又会衰落为旧动能，二者不停地处于一种动态的变化过程之中。

从结构上来看，消费、投资与出口三个方面的新动能，对经济发展的促进作用也较为重要。电子商务、现代交通和通信技术的发展，引领着新型消费的趋势。新技术的运用也恰好满足了人们对绿色消费、健康消费和智能消费等新热点的追求，释放人们的消费欲望，增加相关方面的支出。从投资角度来看，新动能在投资领域主要通过市场力量来对落后过剩产能进行淘汰，利用市场逐利的本性，为战略新兴产业营造成长空间。这些投资领域的新动能最终经过各投资领域的循环与淘汰对产业结构进行调整，从而使国民经济发展具有可持续性。从进出口的角度来看，中国作为经济全球化的一员，通过不断调整自身在国际市场中的定位与角色，在国内与国际两个市场上发挥对新动能的引领和带动作用，不断调整和优化我国的进出口结构。

从要素角度来看，资本、劳动以及全要素生产率也从自身特点出发，促进经济的转型发展。资本引发的新动能主要体现在资本在进行资源配置时的筛选与决策上，通过市场竞争及优胜劣汰，资本对高效产能进行扶持，间接地引导经济发展。劳动带动的新产能则偏重于对经济发展的主体即劳动力素质的提高与改善上。劳动力根据经济发展的实际需要，不断地提高自我，为经济发展提供支撑。而全要素生产率带动的新产能的核心是创新，通过大力推动科技创新，来突破产业发展以及环境和社会资源的限制，最终营造出新的经济形态与发展道路，提供不断前行的动力。

（二）及时转换新增长引擎

综观世界各主要大国的经济发展史，不难发现，经济增长总是伴随着周期性波动，大多数经济体的长期增长过程都曲折缓慢。发展前期经济增速较快，但随着经济存量迅速累积和时间的推移，当时开拓新动能所带来的创新红利以及消费需求逐渐消失，进而相继失去发展的原动力。能否开拓、培育出新的动能决定了该经济体能否顺利地进入经济发展的高级阶段。2000—2016 年中国 GDP 及其增长率变化情况如图 14.1 所示。

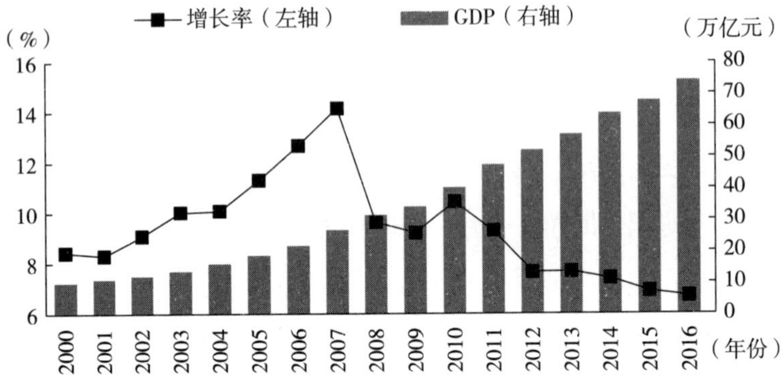

图 14.1　2000—2016 年中国 GDP 及其增长率变化情况

同样，能否实现新旧动能的顺利衔接决定着中国未来的经济走向，即是跃上新台阶、进入高收入社会还是落入“中等收入陷阱”。从供给侧来看，全球范围内一系列重要科技领域正在酝酿重大突破，而技术突破往往会创造巨大的产业发展空间，一大批新兴产业有望迎来快速发展时期，同时部分传统产业因其环保及效率问题面临着被淘汰的风险，新旧动能的转换处于时代发展的风口浪尖之上。与之相对应的是，居民消费层次和消费结构的升级及其带来的巨大的需求空间和增长潜力，消费市场面临的是对消费品从量的满足到质的追求上的转变。当前中国经济处于一个新旧转换的过渡性阶段，面临的问题是经济发展阶段的转换问题，因此新旧动能的顺利转换显得尤为重要。

供给侧结构性改革的目标是，通过经济结构转型升级来释放新动能，促进中国经济的持续增长。传统实体经济乃至整体经济增速下滑，正是整体经济迈入新阶段的重要表现，当传统动能由强变弱时，新动能的开拓与发展所带动的新实体经济将是带动未来中国经济发展的主力，它不仅决定着中国未来国民经济发展的增速，更奠定了中国经济进入新阶段后的起点与发展空间。中国新实体经济的发展将释放出更强、更稳健的动能：一方面，一些不再具有生命力的实体企业正在逐渐被市场出清；另一方面，依旧具有市场潜力的传统实体企业需要转型升级、更新换代，全新技术和模式的企业快速发展，动能的增量非常明显。

（三）新动能的展望

新实体经济是中国经济新常态背景下，未来经济增长的引擎。虽然新经济下的新动能不断崛起，未来其对经济发展与经济增长的贡献也会越来越大，但是不可否认的是，传统产业仍旧是经济发展的主要支撑。虽然一部分过剩产业及不符合时代发展的产业会在后续的改革中被淘汰，但是大部分的传统产业经过经济结构与发展模式的调整、先进技术与手段的引进，也将逐步向新动能转化。面对现在这种发展形势，我们需要做的就是提高新旧动能的转换效率，为新旧动能转换营造良好的制度和发展空间。未来“新旧动能”共存，将成为新常态背景下支持经济增长的力量。

供给侧结构性改革是新旧动能转化的过程。从发展现状来看，旧的动能在不断地弱化，但新动能的转换又未完全成形，短期内新动能的转化弥补不了旧动能弱化所带来的缺口，整个国民经济增速处于一种下行的通道之中，但经济结构整体上在不断地优化与升级。如图 14. 2 所示，2010—2015 年，我国第二产业对 GDP 的贡献率由 57. 4%下调到 42. 4%，第三产业对 GDP 的贡献率则相应地由 39%上升到 52. 9%。虽然这段时期国民经济增速在不断下滑，但产业结构在不断地优化与调整，新旧动能已调能转化的特征较为明显。在新旧动能的转换方向上，在实体经济中，工业、

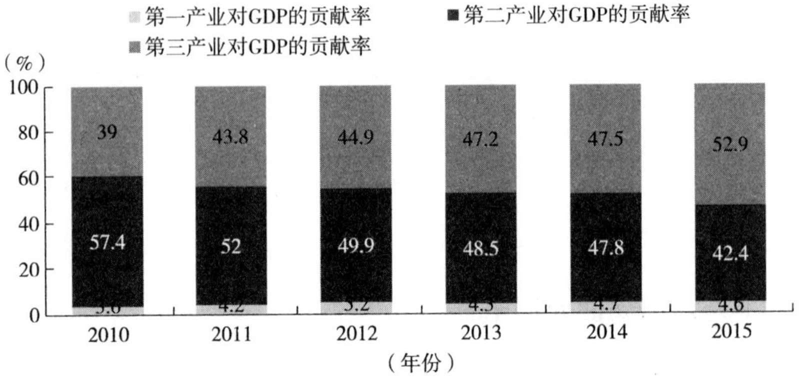

图 14.2　2010—2015 年中国三次产业贡献率构成

建筑业等传统行业增加值下降较为明显，但制造业投资结构优化持续推进，转型升级投资较快增长。2017 年 1~7 月，制造业中技改投资 47576 亿元，增长 10.3%；装备制造业投资 43804 亿元，增长 8.8%；高技术制造业投资 14252 亿元，增长 20.7%，高耗能制造业投资降幅有所扩大。同时，现代服务业及以高技术、战略新兴产业为代表的其他行业则有所上升。另外，随着消费升级的逐步推进，旅游、文化、教育、体育等相关领域的投资增长较快。2010—2015 年中国 GDP 分行业增加值构成见表 14.1。

表 14.1　2010—2015 年中国 GDP 分行业增加值构成

分行业增加值构成（%）＼年份	2010	2011	2012	2013	2014	2015
农林牧渔业增加值	9.8	9.7	9.7	9.6	9.3	9.1
工业增加值	40.0	39.9	38.7	37.4	36.3	34.4
建筑业增加值	6.6	6.7	6.8	6.9	7.0	6.8

续表

分行业增加值构成（%）\年份	2010	2011	2012	2013	2014	2015
批发和零售业增加值	8.7	8.9	9.2	9.5	9.7	9.6
交通运输、仓储和邮政业增加值	4.5	4.5	4.5	4.4	4.4	4.4
住宿和餐饮业增加值	1.9	1.8	1.8	1.7	1.7	1.8
金融业增加值	6.2	6.3	6.5	6.9	7.2	8.4
房地产业增加值	5.7	5.8	5.8	6.0	5.9	6.1
其他行业增加值	……	……	……	……	……	……
国内生产总值	100.0	100.0	100.0	100.0	100.0	100.0

资料来源：国家统计局。

二、供给侧结构性改革：为新经济赋能

增长动能总要立足于实体经济之中，才会发挥切实的效果。需要对新动能促进经济发展的途径与方式进行总结，从而为更好地培育和发展新动能探寻思路。

（一）重视内源性产业创新

新实体的开拓离不开固有实体经济这片土壤，这种培育不是革命性的推倒重来，更多的还是在原有基础上的改革与再造。新实体经济的培育，从内部看主要体现在对落后过剩产能的淘汰与新型生

产模式的引进上。下面从产业创新以及业态优化角度来分析。

产业创新是对旧产业结构的创造性破坏，是在需求结构、技术水平以及资源结构的综合推动下进行的一场自我革命。产业创新一般通过以下三种途径来进行，即产业转移、产业集群与产业融合，三者对经济发展的要求依次提高。目前，我国的产业创新主要集中在产业转移和产业集群上，距离产业融合虽然还有一定的距离，但正在不断接近。中国在加入WTO后，利用自身的成本优势大力发展以加工制造为主的劳动密集型产业，不仅拉动了中国经济的迅速发展，也在一定程度上反哺了科技应用水平的提高。当前随着国内用工成本的逐渐提高，产业转移再次迎来了一次重要的发展机遇。如果能够将产业转移和产业集聚凝合在一起，通过提高产品自身的附加值，将经济逐渐向技术密集型转变，以专业分工和协作为基础，利用集群优势，就能通过纵向一体化来形成规模效益进而增强竞争力。发展最高级的产业融合意味着传统产业边界模糊化和经济服务化趋势，意味着产业间新型的竞争协同关系的建立和更大的复合经济效应，提高消费者的效用和生产者的利润，有助于资源的优化配置，这也是我国未来产业结构的重要发展方向。

经济业态是产业发展层次和阶段的外化体现，业态优化对产业升级、原创产业培育、经济增长和区域发展将产生巨大的推动作用。因此新形势下的业态优化、创新与改革将成为开拓新动能、发展新实体的重要手段之一。业态优化主要体现在当代商业模式变革和颠覆式创新上，本质上是企业价值链的变化和重塑。在新的全球化背景下，任何一个产业如果没有业态创新，任何一个企业如果没有商业模式创新，那么这个产业就会进入衰落期，从而企业也就失去了竞争力。商业模式创新可以创造改变世界的大企业，业态创新则可以催生原创性新兴产业。目前，中国业态改革与创新主要集中在四大产业领域：以孵化器、中小企业服务为代表的服务业；以社交、教育以及游戏为代表的文化产业；以电商、移动互联网、大数据、环保和生物技术产业为代表的战略性新兴产业；以高端装备、汽车为代表的制造业。这四大产业领域正是中国经济未来的增长点，未来极有可能出现爆炸式增长的新业态。

（二）建设良好的外部生态环境

新实体经济的发展是一项综合工程，要投之以资本，报之以科技，成之以人文。发展新实体，除了经济体自身内部的更新换代外，外在环境也起着十分重要的作用。就像一棵处于成长期的树苗，早期生长势头虽旺，但根基不牢。其自身吸收养分开枝散叶的能力固然重要，但如果外部环境较为恶劣就十分容易夭折。新实体发展初期受外部环境影响较大，所以外在生态环境的建设（包括政策环境、金融环境和人力资源环境等）格外重要。

政府要充分发挥鼓励与引导作用。无论是从行政监管还是从政策引导上来看，政府只有充分了解新经济行业的运行机制与潜在风险，才能在不干涉其运营的情况下促进经济发展，政府对新实体经济的发展担负的责任也越发重大。一方面，要发挥产业政策的导向，促进竞争，构建以支持创新为重点的产业政策体系，对创新产业、部门、领域给予政策性的支持与保护。政府支持创新的相关政策涉及多部门、多领域，要统筹全社会的资源与要素，在宏观上进行优化配置。另一方面，要深化管理体制改革，建立健全科技、发改、工信等部门共同支持创新的协同机制。加快职能转变，在保护产权、维护公平、改善金融生态、强化激励机制、集聚优秀人才等方面积极作为，为加速培育发展新动能创造良好的环境。随着行政审批手续的简化与不断放权，政府“置身事外”的角色反而对其维护经济发展提出了更高的要求。对于国有经济也要进一步完善考核激励机制和容错纠错机制，积极营造干事创业的良好环境。在当前市场经济下，人们习惯于让市场发挥优胜劣汰的竞争机制，政府的角色跟过去相比似乎弱化了许多，但实际上这种少干预、少干涉的守夜人角色对政府职能的发挥提出了更高的要求。

金融生态环境的培育也是重中之重。金融是实体经济的血脉，也是连接实体经济与资本的桥梁。当前中国处于经济结构的调整期，整个市场风险水平提高，银行等放贷机构信心不足，金融机构积累了大量的有效资金。另外，下行的经济环境对融资者提出了更高的借贷条件，融资成本不降反升，特别是对于一些战略新兴产业而言，最急需资金的企业往往因实力不足反而更难募集到所需要的资金。改善金融生态环境，让资本市场更好更稳定地服务实体经济，在此过程中，市场的风险定价功能必须逐步建立，相关的债权人法律保护有必要逐步完善，权益发行人层面的资本结构须得到清晰的界定，应允许对冲各类风险的金融工具的创立和使用。特别是绿色金融与普惠金融的发展，能够便利化实体经济的发展，金融科技也会在助力实体经济的发展过程中成为新实体经济中的一员“猛将”。

经济发展最重要的要素在于人才。无论是新技术的发明，还是新产品的培育，都离不了优秀的人才，要充分发挥人才在新旧动能转换中的支撑作用。当前，全球产业正在重新布局，人才竞争特别是新兴产业、高新技术产业人才竞争更为激烈。必须顺应人才发展的新趋势、新要求，立足我国人才发展实际，积极推进人才治理体制机制改革，进一步创新人才工作方式，为人才创新创业营造良好的社会生态、文化生态和政务生态，打造人才聚集新高地。

（三）新实体经济：供给侧引领高质量发展

从“十三五”规划提出了供给侧结构性改革以来，供给侧结构性改革成为中国经济生活中的主题词。要以新实体经济引领中国的供给侧结构性改革，带动经济从高速增长走向高质量增长。

从供给侧推动改革是解决当前中国经济问题的关键，也正是2013年华夏新供给经济学研究院成立以来着力研究的方向。新供给对改革的核心政策主张为“八双、五并重”，即供给侧结构性改革实为以深化改革为核心、进一步解放生产力、实现机制转型的系统工程，基本政策主张概括为“八双、五并重”。“双创”（走创新型国家之路和大力鼓励创业）、“双化”（推进新型城镇化和促进产业优化）、“双减”（实施以结构性减税为重点的税费改革和大幅减少行政审批）、“双扩”（扩大中国对亚非拉的开放融合，以及适度扩大投资规模）、“双转”（人口政策逐步转向适当鼓励生育，促进国有资产收益和存量向社保与公共服务领域的转置）、“双进”（国有、非国有经济共同进步实现共赢）、“双到位”（促使政府、市场双到位地良性互动、互补和合作）、“双配套”（实施新一轮“价、税、财”配套改革和金融配套改革）。“五并重”是五年规划与四十年规划并重、法治经济与文化经济并重、海上丝绸之路和陆上丝绸之路并重、柔性参与TPP（跨太平洋伙伴关系协定）与独立开展经济合作区谈判并重、高调推动国际货币体系改革与低调推进人民币国际化并重。

供给侧结构性改革为新实体企业提供了战略指引。供给侧调整有长期性、高投入性的特点，很多企业迫于生存压力和市场竞争的现实，会做出很多妥协和调整，但对于有竞争力的企业来讲非常有利。近年来，很多企业对去产能、去库存、去杠杆比较重视，未来更应该聚焦在“补短板”上。

“双创”和“双减”是深化供给侧结构性改革的关键一招，也是催生新实体经济的重要措施。走创新型国家之路和大力鼓励创业被称为“双创”。长期增长都来自创新，重视发明创新，突破关键技术，加大科技投入，提高技术要素的使用效率，必须推动中国从制造大国转变为结合互联网、物联网、现代生命科学、人工智能、工业 4.0 的中国智造，发挥年青一代的想象力和创造力，培育并保护有创新能力的新一代企业家，完善法制，保护产权。同时，加快以结构性减税为重点的财税改革和大幅度减少行政审批被称为“双减”，减税对于保持中小企业的活力、降低企业负担、提高就业意义非常重大。降低市场对大规模预期的刺激，放松行政管制，对一些行业，特别是竞争性行业减少干预，促进兼并收购和过剩产能出清，推动产业结构的升级转型，最终发展战略新兴产业、重构产业格局，是我国在中长期发展攻坚克难、推动改革的不二选择。

中国经济发展正开启高质量发展的新时期，必须培育壮大新动能，加快发展新经济。要推动新技术、新产业、新业态加快成长，就要加快体制机制创新，促进分享和共享平台建设，做大高技术产业、现代服务业等新兴产业集群，打造动力强劲的新引擎。新实体企业要深入运用信息网络等现代技术，推动生产、管理和营销模式变革，重塑产业链、供应链、价值链，不断焕发新的生机与活力。新实体经济的发展需要全社会的力量，只有这样，我们才能迎来中国经济灿烂的明天。

参考文献

[1] 丁平．美国再工业化的动因、成效及对中国的影响［J］．国际经济合作，2014（4）．

[2] 贺正楚，潘红玉．德国“工业4.0”与“中国制造2025”［J］．长沙理工大学学报，2015（3）．

[3] 宋国友．再工业化与美国经济增长［J］．外交评论（外交学院学报），2013（3）．

[4] 李彬，田玉鹏．实体经济与虚拟经济发展的思考——金融危机后看美国、德国经济的发展经验［J］．现代产业经济，2013（8）．

[5] 孟祺．美国再工业化的政策措施及对中国的启示［J］．经济体制改革，2012（6）．

[6] 杨思维．升级版德国“工业4.0平台”经验对我国制造业的影响［J］．电信科学，2016（1）．

[7] 张礼立．从大数据到智能制造［J］．中国工业评论，2016（7）．

[8] 马欢．以色列：科技创业之国［J］．新经济，2014（33）．

[9] 沈烈初．关于“中国制造2025”与“德国工业4.0”的思考［J］．表面工程与再制造，2015（4）．

[10] 沈超红，尉春霞，程飞．以色列，何以成为创业的国度？［J］．科学学与

科学技术管理，2015（11）.
[11] 张倩红，刘洪洁．国家创新体系：以色列经验及其对中国的启示［J］．西亚非洲，2017（3）.
[12] 陈文玲．互联网与新实体经济［J］．中国流通经济，2016，30（04）：5—10.
[13] 陈文玲，刘秉镰，刘维林．新经济爆发性增长的内在动因——互联网革命与传统业态变革［J］．全球化，2016，（07）：5—21.
[14] 金岩石．从美"矿业破产潮"看新实体经济成长性［J］．中外管理，2016，（07）：17.
[15] 文玉春．我国产业创新的模式与路径选择研究［J］．经济问题，2017，（01）：1—10.
[16] 王惠．机遇、环境与高技术产业创新效率研究［J］．经济经纬，2017，34（01）：26—31.
[17] 李佩珈，梁婧．资金"脱实向虚"的微观路径及影响研究［J］．国际金融，2017，（03）：29—36.
[18] 彭迪云．新常态下发展新经济与供给侧结构性改革的内在逻辑和政策建议［J］．企业经济，2017，36（04）：5—11.
[19] 陈文通．对"脱实向虚"的经济学分析［J］．中国浦东干部学院学报，2017，11（03）：39—64.
[20] 白玮炜．我国金融支持实体经济发展现状分析［J］．中国市场，2017，（13）：65.
[21] 苏跃辉，孙文娜，孙晓然．金融业与实体经济协调发展研究综述［J］．河北企业，2017，（04）：76—77.
[22] 景梦茹．加快实体经济转型升级，解决我国经济面临的"脱实向虚"问题［J］．现代经济信息，2017，（06）：23.
[23] 黄聪英．论实体经济［D］．福建师范大学，2014.

[24] 陈艳伟．引导金融体系资金进入实体经济的路径探讨 [D]. 天津师范大学，2016.

[25] 王亚平．虚拟经济与实体经济关系的实证研究 [D]. 山西财经大学，2014.

[26] 康俊．产业融合发展视角下商业模式创新研究 [J]. 改革与战略，2016, 32 (03): 122—126.

[27] 康俊．"互联网+" 背景下商业模式创新与产业融合的互动机制分析 [J]. 信阳师范学院学报（哲学社会科学版），2016, 36 (03): 65—68.

[28] 洪路明．基于"大数据"的商业模式创新探究 [J]. 现代经济信息，2016, (07): 327.

[29] 李雷雷．阿里巴巴 B2B 业务商业模式创新研究 [D]. 中国海洋大学，2015.

[30] 王鑫鑫，王宗军．国外商业模式创新研究综述 [J]. 外国经济与管理，2009, 31 (12): 33—38.

[31] 齐严．商业模式创新研究 [D]. 北京邮电大学，2010.

[32] 白宏．现代商业模式的本质属性与结构特征研究 [D]. 东华大学，2012.

[33] 龚丽敏，江诗松，魏江．试论商业模式构念的本质、研究方法及未来研究方向 [J]. 外国经济与管理，2011, 33 (03): 1—8.

[34] 项国鹏，周鹏杰．商业模式创新：国外文献综述及分析框架构建 [J]. 商业研究，2011, (04): 84—89.

[35] 张兴安．互联网企业商业模式创新路径研究 [D]. 浙江财经学院，2012.

[36] 张越，赵树宽．基于要素视角的商业模式创新机理及路径 [J]. 财贸经济，2014, (06): 90—99.

[37] 易加斌，谢冬梅，高金微．高新技术企业商业模式创新影响因素实证研究——基于知识视角 [J]. 科研管理，2015, 36 (02): 50—59.

[38] 王昊．新能源汽车颠覆性创新的商业模式研究 [D]. 浙江工业大

学，2015.

[39] 高凯. 移动互联网背景下零售商业模式创新路径分析［J］. 商业经济研究，2017，(12)：17—19.

[40] 林子芬，鲁小静. 知识共享方式对商业模式创新的影响研究［J］. 市场周刊（理论研究），2013，(07)：13—14.

[41] 周坤维. 共享经济时代的企业商业模式分析——以 ofo 共享单车为例［J］. 经营管理者，2017，(03)：96.

[42] 王晓明，谭杨，李仕明，沈焱. 基于“要素—结构—功能”的企业商业模式研究［J］. 管理学报，2010，7（07）：976—981.

[43] 王炳成，范柳，高杰，丁浩. 新商业模式的形成机制研究［J］. 经济问题探索，2014，(04)：174—179.

[44] 姜荣春，王雷. 借力“一带一路”推进融资租赁产业国际化发展［J］. 中国发展观察，2016，(23)：42—45.

[45] 郑小碧. “天生全球化”企业跨国创业机理与路径：组织学习的中介效应［J］. 研究与发展管理，2016，28（02）：102—114.

[46] 杜群阳，郑小碧. “天生全球化”企业跨国创业导向与国际化绩效——基于网络关系与学习导向动态耦合的视角［J］. 科研管理，2015，36（03）：118—126.

[47] 董惠梅. 企业国际化过程中知识的作用［J］. 开发研究，2015，(01)：106—108.

[48] 杨梦雅. 基于商业模式视角的“天生全球化”现象探析［J］. 商场现代化，2014，(16)：45.

[49] 钱海燕，张骁. “天生全球化”企业国际扩张行为特征影响因素研究：基于企业家视角［J/OL］. 科技进步与对策，2013，30（17）：92—97.

[50] 杨鑫. 企业家精神、企业家精神导向与绩效的关系［J］. 东方企业文化，2013，(09)：48.

[51] 杨兴锐，吴先明．后危机时代企业持续成长的创新模型——我国高科技“天生全球化”企业的多案例研究［J］．科技与经济，2013，26（01）：29—33.

[52] 杨兴锐．企业竞争优势、战略选择与业绩增长模型——基于我国高科技“天生全球化”企业的跨案例研究［J］．技术经济，2012，31（08）：19—25.

[53] 郑明远．“天生全球化”企业驱动因素及成长模式研究［J］．经济论坛，2011，（07）：188—190.

[54] 朱吉庆，薛求知．“天生全球化”企业创业机理与成长模式研究——基于中国企业的跨案例研究［J］．研究与发展管理，2010，22（05）：82—88.

[55] 吴华明．“天生全球化”企业及其国际化经营的风险与防范［J］．中北大学学报（社会科学版），2010，26（02）：58—62.

[56] 周海军，邹奕杰，史敏．“天生全球化”研究文献综述——基于企业家视角的梳理［J］．科技管理研究，2010，30（02）：128—131.

[57] Fabio Cassia，Drivers of born-global companies' international development：an empirical investigation among Italian companies，Global Conference on Business & Economics，2010.

[58] Helen G. Zhao，Victor H. Y. Lo，Domenic Sculli，Features of Born-Global Processing Plants under the Global Economy，*Journal of International Technology and Information Management*. 2005.

[59] Gillian Sullivan Mort，Jay Weerawardena，Networking capability and international entrepreneurship：How networks function in Australian born global firms，Emerald，2006.

[60] Lydia Bals，What is a “Born Global” Firm?，Working paper，2008.

[61] Sagalyn L.. Public Private Development：Lessons from History Research Practice［J］. *Journal of the American Planning Association*. 2007，（73）.

[62] Grimsey D., Mervyn K. L.. Evaluating the Risks of Public Private Partnership's for Infrastructure Project [J]. *International Journal of Project Management*. 2002, (20).

[63] Pananond, Pavida. Where Do We Go from Here? Globalizing Subsidiaries Moving Up the Value Chain [J]. *Journal of International Management*, 2013, 19 (3): 207-219.

[64] Teece, David J.. Internal Organization and Economic Performance: An Empirical Analysis of the Profitability of Principal Firms [J]. *The Journal of Industrial Economics*, 1981, 30 (2): 173-199.

[65] Accenture, Insight Power Three New Approach: Labor Capital Productivity (2013).

[66] 进一步规范投融资体制改革 [J]. 经济界, 2017, (03): 17—18.

[67] 张勇. 提振投资、促进增长、支持实体经济发展和民间投资振兴 [J]. 宏观经济管理, 2017, (04): 10—11.

[68] 王晶晶. 降低实体经济成本，让民间投资"活水"涌流 [J]. 中国中小企业, 2017, (04): 26—27.

[69] 马永斌, 闫佳. 产融结合与制造业企业转型升级 [J]. 技术经济与管理研究, 2017, (03): 110—114.

[70] 蔡强, 田歆, 胡毅, 乔晗, 杨一帆, 汪寿阳. 产融结合模式的演化路径研究——以GE、联想控股为例 [J]. 科技促进发展, 2017, 13 (03): 145—153.

[71] 马红, 王元月. 投资规模、投资效率与宏观经济环境——基于我国上市公司经验数据的分析 [J]. 商业研究, 2017, (03): 35—42.

[72] 夏荣静. 促进我国民间投资健康发展的探讨综述 [J]. 经济研究参考, 2017, (12): 40—45.

[73] 蔡云芝. 我国民间投资增速下滑的成因分析及其对策研究 [J/OL]. 江苏

商论，2017，(01)：57—61.

[74] 万其龙．新常态下民间投资的变动特征、问题及破解路径分析 [J/OL]. 信阳师范学院学报（哲学社会科学版），2017，37（01）：53—56.

[75] 张惠．民间资本参与 PPP 项目面临的障碍与对策 [J]. 南方金融，2016，(10)：79—83.

[76] 金京，张二震，戴翔．论新形势下我国开放型经济发展战略的调整 [J]. 经济管理，2015，(06)：12—20.

[77] 刘亭．以投资改革促进有效投资 [J]. 浙江经济，2014，(09)：16.

[78] 李凯．改革背景下的中国宏观投资效率分析 [J]. 时代金融，2011，(17)：11—13.

[79] 孟飞．论金融投资与实体投资阶段性关系 [J]. 合作经济与科技，2007，(21)：56—57.

[80] 樊千，邱晖．PPP 本质、产生动因及演化发展动力机制 [J]. 商业研究，2015，(6).

[81] 程连于．PPP 模式与我国民间投资问题研究 [J]. 河南社会科学，2009，(3).

[82] 冯明．民间投资下滑症结 [J]. 中国经济报告，2016，(08)：41—42.

[83] 民间投资下滑国务院派出组督查投资 [J]. 经济导刊，2016，(06)：7.

[84] 鲁保林，易淼．中国实体经济的现实困境和发展出路——兼论钱荒 [J]. 财经科学，2014，(03)：70—79.

[85] 扈文秀，孔婷婷．政府投资对民间投资的影响效应——基于中国经济的实证研究 [J]. 国际金融研究，2014（11）：87—96.

[86] 陈朝龙，杨庆．政府投资与民间投资刺激经济增长效果分析 [J]. 软科学，2016（7）：15—19.

[87] 国务院．国务院关于创新重点领域投融资机制鼓励社会投资的指导意见（国发〔2014〕60 号）[EB/OL].

[88] 李维安，马超．“实业+金融”的产融结合模式与企业投资效率——基于中国上市公司控股金融机构的研究［J］．金融研究，2014（11）：109—126.

[89] 龚强，张一林，林毅夫．产业结构、风险特性与最优金融结构［J］．经济研究，2014（4）：4—16.

[90] 蔺元．我国上市公司产融结合效果分析——基于参股非上市金融机构视角的实证研究［J］．南开管理评论，2010（5）：153—160.

[91] 佩蕾丝．技术革命与金融资本：泡沫与黄金时代的动力学［M］．中国人民大学出版社，2007.

[92] 沈荣华．十八大以来我国“放管服”改革的成效、特点与走向行政管理改革［J］．行政管理改革，2017，（9）.

[93] 王广宇．新时代要发展培育壮大“新实体经济”［OL］．人民网财经频道，2017.

[94] 王广宇．企业家精神是新实体经济时代最重要供给因素［OL］．新浪，2017.

[95] 王广宇．走“天生全球化”道路是新实体经济发展的第一选择［OL］．人民网，2017.

[96] 王广宇．专访：依托人工智能催生更多的新实体经济［OL］．新华网，2017.

[97] 王广宇．从模仿到创新深圳企业家带动新实体经济振兴［OL］．南方快报，2017.

[98] 王广宇．蜕变与坚守——谈新实体经济与企业家精神［OL］．网易，2017.

[99] 王广宇．供给侧改革应聚焦补短板　突破原创性技术［OL］．新浪，2016.

[100] 王广宇．推动供给侧改革　促进高品质消费扩张［OL］．金融界，2016.

[101] 王广宇 . 双创双减是供给侧改革的关键一招 [OL]. 和讯，2015.

[102] 王广宇 . 唯有技术革命能带领中国穿越经济低谷 [OL]. 金融界，2016.

[103] 王广宇 . 人工智能会成为新实体经济发展的最大动力 [OL]. 新浪，2017.

[104] 王广宇 . 新实体经济：重启中国增长动能 [OL]. 经济观察报，2017.

后 记

新实体经济是最近两年社会讨论较多的话题，本人从开始参与研究至今，形成本书之浅见，管中窥豹，请读者斧正。

一提到实体经济，多数人就想到工厂冒烟或者工业制造。但毫无疑问，今天应该以更广阔、更深入的角度来看待实体经济。值得期待的新实体经济应该具备五个特征：第一，具备绿色、低碳、节能、环保的特征；第二，具备现代服务特征，智能化满足所有消费者的不同需求；第三，具备平台特征，与互联网、物联网的结合日益深入；第四，具备创新特征，与新技术结合，不断强化竞争力；第五，能够为社会的综合进步，包括人才培育、企业家提升和制度改革，为中国重返世界之巅做出贡献。

从这个意义上来讲，新实体经济在中国才刚刚起步，要想在全球产业链和价值链上形成比较强的竞争力，还有非常远的路要走。也正因如此，本书对新实体经济这一主题的探索还非常浅显，众多问题还有待进一步研究深化。如有不足和谬误之处，恳请批评指正。

感谢华夏新供给经济学研究院的各位领导和同事，本书作为研究院 2017—2018 年的重点研究课题之一，得到了众多专家和同事的指导，深表感谢。

感谢华软资本的合伙人和同事，特别是集团负责市场和研究的多位年轻的同事给予的帮助。

感谢中信出版集团的同事。

感谢家人的理解和支持。

王广宇

（2018年6月于北京）

华夏新供给经济学研究院简介

华夏新供给经济学研究院（NSEAC）是由贾康、白重恩、王庆、姚余栋、黄剑辉等12位学者发起设立、经政府管理部门批准成立于2013年9月的新型民间智库组织，现任理事长为中国民生银行董事长洪崎先生，监事长为蚂蚁金服集团总裁井贤栋先生，院长为华软资本管理集团股份有限公司董事长王广宇先生，首席经济学家为贾康先生。遵循党中央《关于加强中国特色新型智库建设的意见》的精神，研究院秉承"求真务实融合古今，开放包容贯通中西"的全球视野和时代责任感，以"责任、专业、团结、创新"为文化，以"人才是核心，研究是基础，社会效益是追求"为理念，践行坚毅执着、勤勉奋进的"梅花精神"和大气庄严、包容四方的"牡丹精神"，打造学习型组织和创新型团队。

五年来，研究院通过构建跨界合作的"中国新供给经济学50人论坛"和"中国养老金融50人论坛（CAFF50）"（成员和研究员来自国家有关部委、著名高校、一流智库、国际投行、国内金融机构），在基础理论研究、决策咨询、公益性学术论坛、前沿重大课题研究等方面，取得了卓越的成效。出版《新供给：经济学理论的中国创新》等“中国新供给经济学研究书系”著作，开展《中国 2049 战略》重大课题研究，加强与国内外智库、政府机构、市场和社会组织交流与合作，努力建设成为特色鲜明、跨界合作、具有高学术品位和国际影响力的新型高端智库，为中国改革开放予以理论阐释和提出积极建言，以理论创新服务于现代化事业，为中国和世界经济繁荣和社会进步贡献力量。

网址：http：//www. newsupplyecon. org